Die Waldviertelbahn

WEITRA

Viadukt.

Ein Überblick über das Streckennetz der Waldviertelbahn im Jahr 2017.

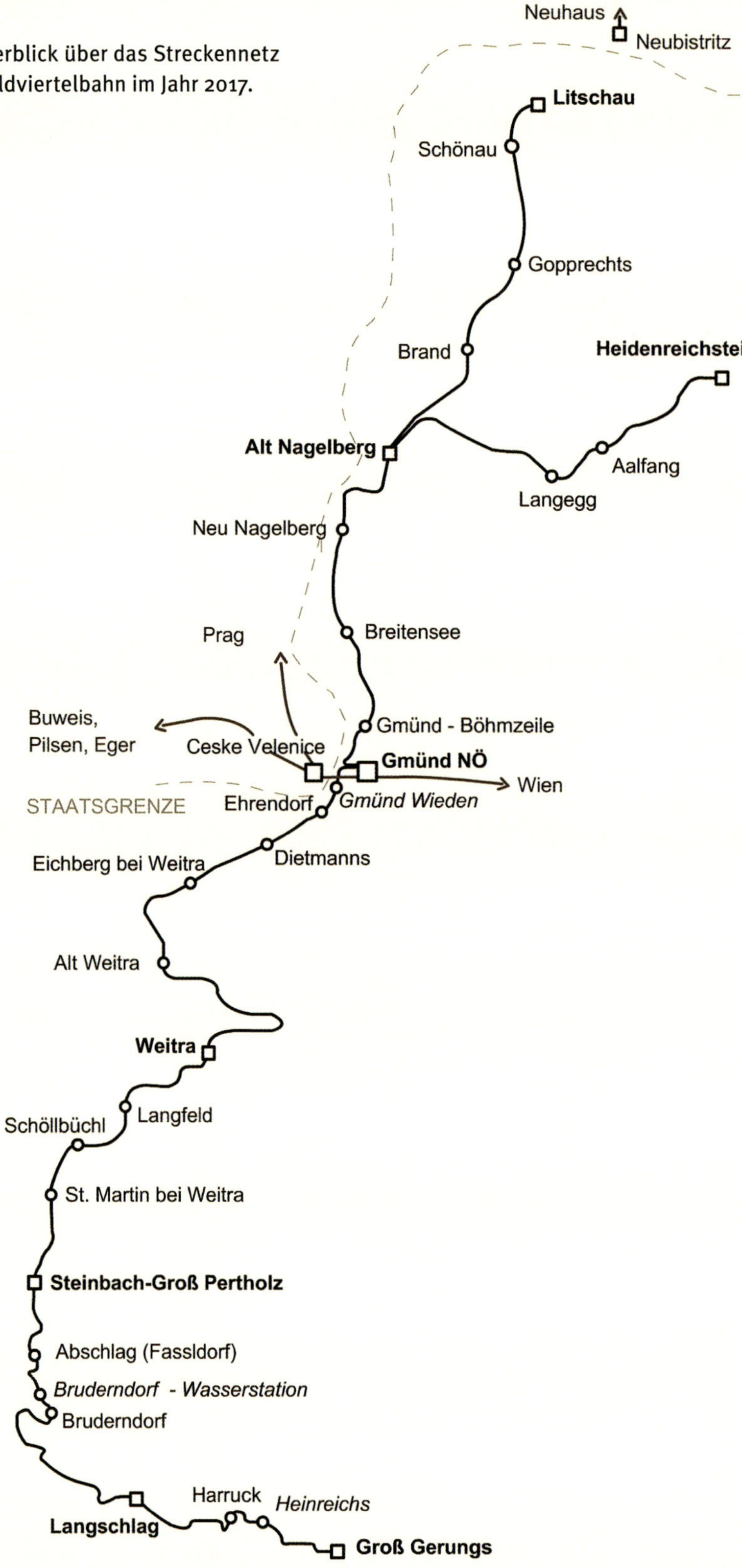

Die Waldviertelbahn

Die Reise der Waldviertelbahn mit ihren zwei goldenen Triebwagen der NÖVOG von Gmünd nach Litschau geht an zahlreichen Fischteichen vorbei.

Paul Gregor Liebhart und Johannes Schendl

Die Waldviertelbahn

Eine nostalgische Reise mit der Schmalspurbahn

SUTTON ZEITREISE

Die Mh.4 kam am 24. November 2015 retour aus der Aufarbeitung im Dampflokomotivwerk Meiningen. Zwei Tage später absolvierte sie eine Probefahrt durch das tief verschneite Waldviertel von Gmünd nach Langschlag und überquerte dabei das Veitsgrabenviadukt.

Einband vorne: Die Reihe Mh wurde ursprünglich für die Mariazellerbahn gebaut, auf der Waldviertelbahn sind die Maschinen seit 1920 heimisch. Das Foto zeigt einen seltenen Einsatz der in den Auslieferungszustand zurückversetzten Mh.6. Mit einem Sonderzug fährt die Mh.6 im Mai 2013 aus dem Bahnhof Steinbach-Groß Pertholz kommend am historischen Wasserturm vorbei.
Vorsatz: Eine historische Ansicht des Veitsgrabenviaduktes mit dem Schloss Weitra.
Nachsatz: Die Ausfahrt aus dem Bahnhof Steinbach-Groß Pertholz mit der Dampflokomotive ist immer ein großartiger Anblick, wie mit der Mh.4 im Oktober 2016.
Einband hinten: Die goldenen Dieseltriebwagen der Reihe 5090 sind seit 2012 wieder heimisch und rollen am Fischteich bei Gopprechts vorbei.

Impressum

Sutton Verlag GmbH
Schweickhardtstraße 1
72072 Tübingen
www.suttonverlag.de

2. Auflage, 2023
ISBN: 978-3-96303-452-7

Printed in Poland by CGS Printing
Gestaltung und Herstellung: Sutton Verlag

Inhaltsverzeichnis

Bildnachweis

Sammlung Gunter Mackinger: 13, 16u, 17, 84o; Sammlung Gunter Mackinger/Wöber: 12o, 84u; Sammlung Wolfgang Andraschek: II/III; Sammlung Johann Dürnitzhofer: 12u, 15o/u, 16o, 18u; Sammlung Archiv Waldviertler Schmalspurbahnverein/Zopf: 14; Waldviertler Schmalspurbahnverein: 59o, 107u, 109; Sammlung Gerhard Miedler: 18o; Sammlung Thomas Niederl/Walter Niederl: 20o, 23o, 24o, 26o/u, 28o, 29, 30u, 31, 33, 34u, 35, 36u, 38o, 40o, 41, 43u, 44o/u, 46o, 47,48, 49o/u, 50u, 51, 52o, 88, 89o, 91, 92o/u; Wolfgang Andraschek: 20u, 21, 22, 23u, 25, 28u, 32u, 36o, 37, 38u, 53, 86, 89o, 90u; Wolfgang Andraschek jun.: 4u; Johann Dürnitzhofer: 52u, 54o/u, 104u; Peter Kuderna: 42, 43o, 46u, 50o; Paul Gregor Liebhart: Vorsatz, Grafik IV, 2, 56, 57o/u, 58, 59u, 60o, 61, 62o/u, 63, 64, 65u, 66o/u, 67, 68o/u, 71o, 72u, 73, 75, 77o/u, 78/79, 80, 81o, 82o/u, 94o/u, 99, 100o/u, 108, 111, 117, Nachsatz; Patrick Miedler: 72o; Rudolf Mauritz: 103o/u, 107o; Nikolaus Nenning: 70; Thomas Neureiter: 116o; Gerhard Schabes: 32o; Johannes Schendl: 71u, 74o/u, 76o, 81u, 95, 96o/u, 102, 110u, 112o/u, 113, 114; Christian Scherney: 60u, 65o, 104o, 114o; Thomas Schneider: 115, 116u; Michael Heussler: Grafik 85, Grafik 93, 105u, 106, 110o; Karl Wildberger: 24u, 26, 30o, 34o, 45, 87o/u, 90o.

Danksagung

Die Waldviertelbahn ist seit Ende des 19. Jahrhunderts für Generationen Bestandteil des Lebens, als Arbeitgeber oder -bringer, als Ausflugsziel oder Kindheitserinnerung.

In diesem Buch werden der Niedergang, die ungewisse Zukunft Anfang der 2000er-Jahre und die Wiedergeburt durch die Verländerung als neue Waldviertelbahn unter der NÖVOG und des Landes Niederösterreich mit den Investitionen der letzten Jahre behandelt. Der Dank gilt allen Beteiligten an diesem Buchprojekt, allen voran Co-Autor Johannes Schendl, aber auch den unzähligen Fotografen, Wegbegleitern, die Hunderte von Fotos in ihren Archiven sichteten, und den vielen Generationen von Eisenbahnern, die die Waldviertelbahn seit mehr als 115 Jahren durch ihre vielen Lebenslagen bis heute gefahren haben!

Ganz persönlich gilt mein Dank meiner Familie, den Eltern und Großeltern, die mein Interesse für Verkehr und Mobilität seit jungen Jahren immer unterstützt haben und viele Aufnahmen dieses Buches miterleben durften (mussten). Viel Freude bei der Zeitreise durch 115 Jahre Waldviertelbahn und 15 Jahre touristischer Verkehr!

Paul Gregor Liebhart im Februar 2017

Die Waldviertelbahn – eine Zeitreise durch die Geschichte

Wenige Jahre nach der Errichtung der k.k. priv. Kaiser-Franz-Josef-Bahn beschlossen die umliegenden Orte der Stadt Gmünd, sich für den Bau mehrerer Lokalbahnen einzusetzen. Als erstes konkretes Projekt erhielt im Jahr 1886 eine schmalspurige Lokalbahn von Gmünd über Weitra und Groß Pertholz bis zur oberösterreichischen Landesgrenze eine Vorkonzession. Vier Jahre später tauchte das Projekt einer schmalspurigen Straßenbahn von Pürbach-Schrems nach Heidenreichstein, von Erdweis nach Nagelberg zur alten Glashütte und von Schrems nach Nagelberg auf. 1891 verwarf man gleich zwei Projekte, das erste hätte den Bau einer Schmalspurbahn von Gmünd über Zwettl nach Ybbs an der Donau vorgesehen, ein zweites den Bau einer Normalspurbahn von Gmünd über Weitra nach Freistadt mit einer Abzweigung im Harrachstal nach Wartberg.

Die beiden Abgeordneten des Niederösterreichischen Landtages Höher und Dötz bemühten sich unermüdlich um die Errichtung von Nebenbahnen im Raum Gmünd. Beide erhielten tatkräftige Unterstützung von örtlichen Persönlichkeiten, unter anderem von Bürgermeister Niklas und Sparkassendirektor Petter aus Litschau und Bürgermeister Wais sowie dem Großindustriellen Karl Stölzle aus Nagelberg. So entstand erstmals 1894 die Idee zum Bau einer Schmalspurbahn von Gmünd nach Litschau.

Die Bevölkerung war vom Bahnbau so begeistert, dass viele Bürger und Ortsvertreter versuchten, ihre Ideen bei der Streckenbegehung einzubringen. Einige Beispiele aus dem Protokoll für die politische Begehung der Strecke Gmünd–Litschau vom 8. August 1898 belegen diese positive Einstellung. Der Gmünder Bürgermeister Eggerth erreichte die Umbenennung der Haltestelle von Gmünd Stadt in Gmünd Böhmzeil. Weiter erfüllte die Kommission dem Bürgermeister von Breitensee den Wunsch nach einer Personenhaltestelle, sonst hätten die Bewohner zur nächsten Haltestelle trotz vorbeilaufender Bahn drei Kilometer nach Gmünd oder Neu Nagelberg gehen müssen. In Neu Nagelberg musste ein großer Ladeplatz für die ansässige Glasschleiferei, für das Sägewerk und für die Bierbrauerei errichtet werden. Der Bahnhof Alt Nagelberg erhielt durch die abzweigende Linie nach Heidenreichstein eine zusätzliche Aufwertung.

Die Ortschaften Brand und Finsternau stritten sich um die Haltestelle, doch schließlich erhielt Brand den Vorzug. Der Ortschaft Reichenbach musste aus technischen Gründen der Wunsch nach einer Personenhaltestelle verwehrt werden. Auch Schönau hätte wegen der Nähe zu Litschau keine eigene Haltestelle erhalten sollen, doch wegen eines örtlichen Sägewerkes wurde dennoch eine errichtet.

Bei der Planung des Endbahnhofes Litschau spielte die gewünschte Verlängerung zur am 1. November 1897 eröffneten Schmalspurbahn Neuhaus–Neubistritz eine entscheidende Rolle. Mit Erlass des k.k. Eisenbahnministeriums vom 12. November 1898 wurde dem Niederösterreichischen Landesausschuss die Konzession erteilt.

Die feierliche Eröffnung des 38,2 Kilometer langen Streckenabschnittes fand am 3. Juli 1900 statt. Ein festlich geschmückter Sonderzug fuhr von Gmünd über Alt Nagelberg bis Heidenreichstein und danach weiter über Alt Nagelberg bis Litschau. Am folgenden Tag nahm die Niederösterreichische Waldviertelbahn den fahrplanmäßigen Verkehr auf.

Während des Baus der nördlichen Linie gab es bereits Bestrebungen, eine zweite Schmalspurbahn Richtung Süden zu errichten. Einer der unermüdlichen Kämpfer für das Zustandekommen des Südastes der Waldviertler Schmalspurbahn war Pfarrer Dominik Eckl aus Langschlag, den die Bevölkerung später als „Eisenbahnpfarrer“ bezeichnete. Ab dem Herbst 1896 setzte er sich in den Bezirken Weitra und Groß Gerungs wiederholt für den Bau einer Lokalbahn ein. Der Niederösterreichische Landtag erteilte am 11. April 1899 dafür die Baubewilligung. Noch im selben Jahr begann unter der Führung des Pfarrers die Trassierung. Dabei setzte sich der Langschlager Pfarrer vehement für den Bau der Schmalspurbahn über Langschlag ein, da zuvor die Vertreter von Groß Gerungs eine direkte Verbindung von Weitra über Groß Schönau und Engelstein nach Groß Gerungs gefordert hatten. Letztendlich gelang es dem „Eisenbahnpfarrer“ mit handfesten Argumenten, die Kommission für seine Variante zu gewinnen. Vor allem die vielversprechenden Holztransporte aus dem Raum Langschlag und dem angrenzenden Mühlviertel versprachen höhere Transportmengen.

Am 9. August 1902 war es endlich so weit, der erste Teilabschnitt des Südastes der Niederösterreichischen Waldviertelbahn bis Steinbach-Groß Pertholz konnte eröffnet werden. Der Eröffnungszug fuhr bis zum Kleinen Bruderndorfertunnel weiter, sodass die Festgäste die Bauarbeiten auf der restlichen Strecke, die im Juni 1901 begonnen hatten, begutachten konnten. Die Niederösterreichische Waldviertelbahn nahm mit dem folgenden Tag den Planverkehr auf der 24 Kilometer langen Strecke bis Steinbach-Groß Pertholz auf.

Der Bau der restlichen Strecke gestaltete sich wegen teilweise schwer erreichbarer Abschnitte schwierig. Die beiden Tunnel, der Große (242 Meter) und der Kleine (42 Meter) Bruderndorfertunnel, die einzigen beiden Eisenbahntunnel im ganzen Waldviertel, konnten noch Ende 1902 fertiggestellt werden, sodass einer Eröffnung des Kleinen Semmerings (so genannt wegen der starken Steigung und den vielen engen Bögen) bis Groß Gerungs am 1. März 1903 nichts mehr im Wege stand. Mit der Aufnahme des Betriebes bis Groß Gerungs war der Ausbau der Waldviertler Schmalspurbahn abgeschlossen.

Sowohl der Bahnhof Litschau als auch der Bahnhof Groß Gerungs waren für eine Weiterführung der Schmalspurbahn erbaut worden. Doch keine der bereits vorkonzessionierten Schmalspurbahnen konnte realisiert werden.

Die Niederösterreichische Landesbahn übernahm mit 10. August 1902 das 80 Kilometer lange Streckennetz der Waldviertler Schmalspurbahn. Die Anlagen der Bahn wurden sehr großzügig gestaltet und erfüllten bis zur Einstellung des Planverkehrs 2001 ihren Zweck. Der Ausgangsbahnhof beider Flügel (Gmünd Lokalbahnhof) befand sich gegenüber dem einstigen Hauptbahnhof von Gmünd, heute České Velenice, und umfasste eine Werkstatt, ein Heizhaus, eine Wagenhalle, Personalhäuser und eine Umladeanlage für Güter. Bereits seit Aufnahme des Planbetriebes im Jahr 1900 standen auf der Schmalspurbahn Rollschemel im Einsatz, auf denen normalspurige Wagen transportiert werden konnten. Eine weitere Besonderheit war der Einsatz von fünf Dampftriebwagen auf der Schmalspurbahn. Zunächst beschaffte die Niederösterreichische Landesbahn drei kurze, zweiachsige Fahrzeuge mit 16 Sitzplätzen, die aber den Anforderungen nicht entsprachen und zwischen 1908 und 1911 ausgemustert wurden. Im Jahr 1905 folgten zwei Dampftriebwagen mit 44 Sitzplätzen, die sehr gut funktionierten und bis 1917 auf der Waldviertler Schmalspurbahn eingesetzt wurden.

Im Jahr 1908 wurde kurz nach der Unterfahrung der Kaiser-Franz-Josef-Bahn die Haltestelle Gmünd Wieden errichtet. Nach dem Ausbruch des Ersten Weltkrieges mussten einige Fahrzeuge der Niederösterreichischen Waldviertelbahn an die Heeresfeldbahn abgegeben werden. Das eigentliche Problem kam für die Bahnabschnitte in Gmünd erst mit dem Ende der Monarchie, als der Lokalbahnhof der Waldviertelbahn plötzlich im Ausland lag.

Für die Österreichische Bundesbahn (damals BBÖ), die am 24. September 1922 rückwirkend per 1. Jänner 1921 den Betrieb von den Niederösterreichischen Landesbahnen und damit auch den der Waldviertelbahn übernommen hatte, stellte die Errichtung eines neuen Bahnhofes in Österreich höchste Priorität dar.

Mit 1. Jänner 1940 verstaatlichte die Deutsche Reichsbahn die Niederösterreichische Waldviertelbahn AG. Nach dem Krieg wurden die noch verbliebenen schmalspurigen Anlagen in České Velenice komplett zum heutigen Bahnhof Gmünd abgesiedelt.

Nach diesen turbulenten Jahrzehnten kehrte wieder Ruhe im nördlichsten Schmalspurnetz Österreichs ein. In den 1960er-Jahren lösten die neu gebauten, universell einsetzbaren Schmalspurdiesellokomotiven der Reihe 2095 die Dampflokomotiven ab. Viele Dampfrösser, wie zum Beispiel die Baureihen 298, 298.2, 398, 598, 199, 299, 399, 699.0 oder 699.1, verbrachten ihre letzten Betriebsjahre auf der Waldviertelbahn, wo die Dampflokomotiven noch immer die Hauptlast des Verkehrs trugen. Vor allem vor den schweren Güterzügen konnten sie nicht durch die ab 1940 ins Waldviertel vordringenden Vorkriegsdiesellokomotiven der Typen 2190, 2092 und 2091 vertrieben werden. Der in den 1970er- und 1980er-Jahren stetig ansteigende Individualverkehr wurde immer mehr zum Problem für die Waldviertler Schmalspurbahn.

Als touristische Attraktion führte die ÖBB ab Sommer 1979 Sonderzüge an Wochenenden ein. Doch all diese Maßnahmen konnten nicht verhindern, dass die Betriebskosten stiegen und die Einnahmen von Jahr zu Jahr sanken. Schließlich zählte die Schmalspurbahn zu den einstellungsgefährdetsten Nebenbahnen Österreichs. Im Jahre 1985 startete die Österreichische Bundesbahn einen neuen Versuch, den Personenverkehr zu attraktivieren. Am 1. Februar 1986 traf der neu gebaute 5090.001 für Probefahrten in Gmünd ein, ehe er ab dem 20. Februar 1986 im Personenverkehr zum Einsatz kam. Neben dem Einsatz von zwei Triebwagen nach Groß Gerungs modernisierte die ÖBB den Oberbau und schuf neue, besser erreichbare Haltestellen. Für den Nordast kam der Triebwagen zu spät, die Einstellung des Personenverkehrs mit 31. Mai 1986 war beschlossene Sache. Seit 1. Juni 1986 fahren Regionalbusse von Gmünd nach Litschau und Heidenreichstein.

Die ÖBB führte in der Folge den Zugleitbetrieb am Nordast ein, um weitere Kosten für die letzten verkehrenden Güter- und Sonderzüge einzusparen. Bis Mitte der 1990er-Jahre waren noch Dampflokomotiven der Reihen 399 (.02,.03,.04,.05) und 298 mit Güterzügen in Betrieb, was einzigartig in Österreich war. Am 29. Mai 1992 verkehrte zwischen Alt Nagelberg und Heidenreichstein der letzte planmäßige Güterzug. Nach Stilllegung der Zweigstrecke pachtete der Waldviertler Schmalspurverein (WSV) diesen Abschnitt und befährt diesen seither regelmäßig mit Sonderzügen. Heidenreichstein ist der Ausgangspunkt und die Heimat des WSV.

Die Arbeitsgemeinschaft Schmalspur, die für die Erhaltung von Schmalspurbahnen in Europa eintritt, veranstaltete zwischen 8. und 10. Oktober 1999 ihr jährliches Fest in Österreich. Am 8. und 9. Juli 2000 beging die Waldviertelbahn noch das 100-jährige Jubiläum des Nordastes nach Litschau und Heidenreichstein. Im Winter 2000/01 wurde der Güterverkehr auf der Waldviertler Schmalspurbahn trotz guter Auslastung eingestellt. Im Frühjahr 2001 versuchten viele lokale Politiker und die Niederösterreichische Verkehrsorganisationsgesellschaft m.b.H. (NÖVOG), die Einstellung des Personenverkehrs mit 9. Juni 2001 zu verhindern. Zum Abschied von der Schmalspurbahn befuhren zu Pfingsten unter dem Motto „Schmalspurfestival im Waldviertel“ sowohl Dampf- als auch Dieselsonderzüge das gesamte Streckennetz.

Am Samstag, dem 9. Juni 2001, war der letzte Betriebstag. Um 19.26 Uhr verließ der 5090.004 zum letzten Mal den Bahnhof Gmünd als R 2183 in Richtung Groß Gerungs und kehrte noch in der Nacht nach Gmünd zurück.

Anlässlich des 100-Jahr-Jubiläums des Nordastes absolvierte die 208.56 des Club 760 im Sommer 2000 einen Gasteinsatz auf der Waldviertelbahn. Die Aufnahme entstand bei einer Probefahrt der 298.56 mit einem Dreiwagenzug nach Weitra während eines Aufenthalts in Alt Weitra.

Nach 28 Tagen Betriebsruhe wurde der touristische Verkehr nach Groß Gerungs durch die Nostalgieabteilung der ÖBB im Auftrag der NÖVOG wieder aufgenommen.

Mit Dezember 2010 erfolgte die Übergabe des Gesamtbetriebes von den ÖBB an die NÖVOG, wodurch die Waldviertelbahn wieder zur Niederösterreichischen Landesbahn wurde. Umfangreiche Investitionen durch die NÖVOG in Strecke, Fuhrpark und Gebäude sowie ein Ausbau des Fahrtenprogramms bewirkten deutliche Fahrgaststeigerungen. Die Waldviertelbahn konnte nun endlich einer rosigen Zukunft entgegenblicken.

1.

Eine Schmalspurbahn für das Waldviertel

Warum Schmalspur? Diese Frage beschäftigte die Politiker im letzten Viertel des 19. Jahrhunderts. Es entstand eine regelrechte Debatte zwischen Fach- und Tagespresse, ob verschiedene Spurweiten im Eisenbahnnetz sinnvoll seien.

Jede Hauptbahn, die zwischen Millionenstädten verkehrt, braucht kleine Flügelbahnen, die die Menschen in den entlegenen Tallandschaften mit der weiten Welt verbinden. Die Schmalspur verkörperte das kostengünstigere Vordringen des Eisenbahnnetzes in abgelegene Gebiete.

In Österreich hat die Schmalspurbahn Tradition. Bereits die erste öffentliche Eisenbahn Österreichs, die Pferdebahn Linz–Budweis, war schmalspurig mit dem ungewöhnlichen Maß von 1.106 Millimetern. Nach der Besetzung von Bosnien und Herzegowina durch türkische Militäreinheiten wurde eine Schleppbahn für den Heeresnachschub errichtet. Die damalige Spurweite von 760 Millimetern wurde als „Bosnische Schmalspurweite" bekannt. Auf Wunsch der Heeresverwaltung kam diese Spurweite bei den meisten der österreichisch-ungarischen Schmalspurbahnen zur Anwendung. Während der Monarchie wurde ein Schmalspurnetz von 2.000 Kilometern errichtet, in Österreich gab es ein Netz von knapp 720 Kilometern.

Das Waldviertel erhielt am 3. Juli 1900 seine erste Schmalspurbahn mit 38 Kilometern Länge von Gmünd nach Litschau und der Zweiglinie Alt Nagelberg–Heidenreichstein. Die Aktiengesellschaft Niederösterreichische Waldviertelbahn, am 25. Mai 1899 gegründet, verfolgte den weiteren Ausbau des Schmalspurbahnnetzes von Gmünd Richtung Süden. Der heutige Südast von Gmünd über Weitra nach Steinbach-Groß Pertholz wurde am 9. August 1902 in Betrieb genommen. Die anschließende Bergstrecke mit den zwei einzigen Tunnel im Waldviertel ging mit 1. März 1903 bis Groß Gerungs in Betrieb. Die Verknüpfung mit der 79 Kilometer langen Schmalspurbahn Jindřichův Hradec (Neuhaus)–Nová Bystřice (Neubistritz) sowie der anschließenden Strecke Jindřichův Hradec–Obrataň (Wobratain) wurde vor dem Ausbruch des Ersten Weltkrieges nicht mehr realisiert und nach Kriegsende durch die geänderten Staatsstrukturen nicht weiterverfolgt.

K.K. POST
STADT GMÜND

Haltestelle
Schönau

◂ Der Gmünder Hauptbahnhof, einst im Ort Wielands, heute České Velenice, wurde 1869 eröffnet. Um den Bahnhof mit dem Zentrum von Gmünd zu verbinden, bestand von 1907 bis 1916 die 2,9 Kilometer lange Linie des Elektrischen Oberleitungs-Automobil-Verkehrs der Stadt Gmünd. Eine Aufnahme beim Bahnhof Gmünd.

Der Gmünder O-Bus und die Niederösterreichische Waldviertlerbahn kreuzten sich dreimal im Stadtbereich Gmünd. In Kilometer 0,8 trifft 1907 der O-Bus auf einen der drei vierachsigen Komarek-Dampftriebwagen, welche von 1903 bis 1916 auf der Waldviertelbahn zum Einsatz kamen.

◂ Das ursprüngliche Haltestellengebäude der Station Schönau bei Litschau, wo um 1920 gerade eine Gruppe Reisender posiert, befand sich auf der gegenüberliegenden Seite der heutigen Station und musste im Jahr 1955 aufgrund des desolaten Bauzustandes abgetragen werden.

Der Direktor des NÖ Landeseisenbahnamtes Josef Fogowitz förderte die Entwicklung und den Einsatz der Dampftriebwagen der Maschinenfabrik Komarek auf den NÖLB. Der Einsatz der Erstserie (Nummern 1 und 2) mit 30 PS wurde 1905 im Bahnhof Neu Nagelberg vor der Weiterfahrt nach Gmünd für die Nachwelt festgehalten. ►

Die gesamte Zugmannschaft inklusive Bahnhofspersonal präsentiert sich mit der NÖLB Dampflokomotive U8 und einem Personenzug im nordöstlichen Endbahnhof Heidenreichstein der Zweigstrecke Alt Nagelberg–Heidenreichstein.

Die bei Streckenkilometer 2,050 gelegene Station Gmünd Böhmzeil besaß in den Anfangsjahren nur ein einstöckiges Bahnhofsgebäude, wie diese seltene Aufnahme aus dem Jahr 1930 belegt. Erst im Zuge der Neutrassierung der Strecke auf rein österreichischem Staatsgebiet wurden die Anlagen erweitert. ►

◂ Die schmalspurigen Anlagen des Gmünder Lokalbahnhofes in České Velenice verfügten nur über eine kleine Wartehalle, die vor dem imposanten Bahnhofsgebäude auf der kolorierten Ansichtskarte aus dem Jahr 1914 kaum hervorsticht.

Historische Ansichtskarten sind Zeitzeugen, die, oft versteckt, bis heute erhalten geblieben sind. Auf der Grußkarte aus Langschlag sind sowohl eine Dampflokomotive der Reihe U als auch ein zweiachsiger Komarek-Triebwagen der ersten Serie zu sehen. Das Bahnhofsgebäude weist noch keine Stützen für das Dach auf.

◂ Eine unerkannt gebliebene Lokomotive der Reihe U steht im Bahnhof Langschlag mit zahlreichen Eisenbahnern und Anrainern für ein Foto bereit. Den Wasserturm hinter der Lokomotive gibt es heute noch. Nur die Baureihen U und Uv sind durch die nicht betriebsfähige Denkmallokomotive Uv.2 im Bahnhof Langschlag als einzige Vertreterin ihrer Bauart im Waldviertel verblieben.

200 KRONEN.

Stempel- und gebührenfrei
auf Grund der Concessionsurkunde vom 9. October 1901,
R. G. Bl. Nr. 166.

№ 003327*

Niederösterreichische Waldviertelbahn

Actiencapital 1,780.000 Kronen in 3900 Actien I. Emission à 200 Kronen und 5000 Actien II. Emission à 200 Kronen.

ACTIE II. EMISSION

ÜBER

ZWEIHUNDERT KRONEN 200 ZWEIHUNDERT KRONEN

durch welche dem Inhaber alle Rechte gewährt werden,
welche jedem Actienbesitzer der Niederösterreichischen Waldviertelbahn in Gemässheit der Gesellschafts-Statuten zustehen.

Niederösterreichische Waldviertelbahn.

WIEN, am 14. Oktober 1902.

Die Stammaktie der Niederösterreichischen Waldviertelbahn wurde in Wien ausgestellt. Die prunkvoll gestaltete Aktie zeugt von der Bedeutung und Wertschätzung, die damals der Bahn und deren Finanzierung entgegengebracht wurde.

Die Niederösterreichische Waldviertelbahn AG (N.W.V.B) errichtete am Lokalbahnhof ein stattliches Wohnhaus für ihre Mitarbeiter. Vor diesem Personalwohnhaus posieren im Jahr 1900 einige „Landesbahner“.

2.

Wechselvolle Jahre 1945–1986

Nach der Gründung der Tschechoslowakischen Sozialistischen Republik (ČSSR) und dem folgenden Kalten Krieg verkehrte die Schmalspurbahn an einer „toten" Grenze entlang des Eisernen Vorhangs. Im Streckenabschnitt zwischen Gmünd und Gmünd Böhmzeil verläuft die Trasse direkt an der Staatsgrenze, ein Anhalten oder Aussteigen in diesem Bereich war daher damals strikt untersagt.

Während die Schmalspurbahn in der Nachkriegszeit in ihrer Funktion als unverzichtbares Verkehrsmittel im Personen- und Güterverkehr nicht infrage gestellt wurde, ergab sich mit der allgemein einsetzenden Motorisierung ein deutlicher Rückgang im Personenverkehr.

Obwohl durch den Einsatz der Diesellokomotiven der Reihen 2091 und 2190 der Betrieb rationalisiert wurde, waren Investitionen wegen des aufkommenden Trends zu Streckenstilllegungen nur in bescheidenem Maße getätigt worden. Folglich hatte die Bahn in punkto Reisezeit und Komfort bald das Nachsehen.

Der Güterverkehr florierte durch die Eröffnung von Lagerhäusern (Litschau, Heidenreichstein) und die zahlreichen Anschlussbahnen (Stölzle Nagelberg, Sägewerk Schönau) weiterhin. Die bis 1966 komplette Umstellung auf Rollwagenbetrieb ermöglichte den Entfall des Umladens der Güter am Bahnhof Gmünd. Die kräftigen, von der Mariazellerbahn stammenden Stütztender-Dampflokomotiven der Reihen 299 und 399 waren weiterhin unverzichtbar, da lediglich eine der damals neuen 2095er-Diesellokomotiven in Gmünd stationiert wurde.

Nachdem aufgrund parallel zur Bahn verlaufender Buslinien und unattraktiver Fahrpläne das Fahrgastaufkommen in den Zügen auf ein Minimum gesunken war (die Bahnhöfe Litschau und Heidenreichstein zählten 1980 nur mehr 68 Fahrgäste pro Tag), stellten die ÖBB den Antrag auf Einstellung des öffentlichen Personennahverkehrs, dem mit der Weisung des Bundesministeriums für öffentliche Wirtschaft und Verkehr per 31. Mai 1986 wegen ungenügender Kostendeckung stattgegeben wurde.

GMÜND-SÖHMZEIL

◂ Am einzigen Bahnsteig im Gmünder Bahnhof stehen am 13. Juni 1980 die Züge P 6386 mit der 2190.01 und P 6398 mit der 2091.02 vor der Abfahrt auf den Nordast mit Zugteilen nach Litschau und Heidenreichstein sowie P 6367 mit der 2091.03 nach Groß Gerungs bereit.

Kurz vor Breitensee durchfährt die Bahnlinie ein Sumpfgebiet. Im Morgenlicht des 28. Oktober 1980 strebt die 298.207, die 1903 für die Waldviertelbahn gebaut wurde, mit einem Güterzug mit Personenbeförderung (GmP) Richtung Litschau.

◂ Die Haltestelle Gmünd Böhmzeil war bis zur Einstellung des Personenverkehrs am Nordast die dem Zentrum von Gmünd nächstgelegene Station. Die 399.01 bespannte den kurzen Personenzug am 23. April 1980 Richtung Litschau.

Mit einem GmP hält die 399.05 am 24. März 1979 an der Haltestelle Breitensee. Das Stationsgebäude mit dem Schild blieb bis zur Einstellung des Personenverkehrs mit 1. Juni 1986 erhalten. Die Lokomotive befindet sich heute auf der Steyrtalbahn und soll wieder betriebsfähig gemacht werden.

Die 2095.07 verstärkte in den 1980er-Jahren mehrmals den Bestand der Diesellokomotiven der Reihe 2095 und reduzierte kurzzeitig den Lokmangel der Zugförderungsstelle Gmünd. Mit dem gut ausgelasteten GmP 71432 hält die Maschine im Bahnhof Neu Nagelberg am 7. Mai 1983.

Die 399.04 verschiebt im Bahnhof Alt Nagelberg einige Reisezugwagen vor der Rückfahrt nach Gmünd. Der Bahnhof ist noch in seinem ursprünglichen Zustand. Die junge Dame auf dem Rad beobachtet das Treiben im Abzweigbahnhof der Schmalspurbahn.

◂ Lange gemischte Güterzüge von Litschau und Heidenreichstein waren in den 1970er- und 80er-Jahren an der Tagesordnung. Die seit September 1962 im Waldviertel eingesetzte 2095.12 trägt auf der Fahrt mit dem langen GmP 71435 nach Gmünd bereits die blutorangene Lackierung.

Zwei gemischte Güterzüge mit Personenwagen verlassen auf der über zwei Kilometer langen Parallelfahrt den Bahnhof Alt Nagelberg, die 399.03 Richtung Heidenreichstein auf dem linken Gleis und der 298.207 Richtung Litschau auf dem rechten Gleis.

◂ Im März 1981 verstärkte die 2095.14 den Fuhrpark der Waldviertelbahn, bereits am 7. März 1981 kam es wohl zur ersten dokumentierten Doppelausfahrt mit der 2095.12 und dem GmP 71436 nach Litschau. Links daneben die 2095.14 mit dem GmP 71434 nach Heidenreichstein.

Mit dem kurzen Personenzug R 6384 hält am 12. Jänner 1986 die 298.207 in der Station Schönau bei Litschau für die Reisenden. Bis zuletzt kamen Dampf- und Diesellokomotiven, abhängig von der Verfügbarkeit, bei dem meist knappen Fahrzeugbestand der Waldviertelbahn zum Einsatz. ▸

Fünf Tage vor der Einstellung des Personenverkehrs am Nordast wurde die nachmittägige Doppelausfahrt der 2091.03 als Personenzug 6394 nach Heidenreichstein und der 2091.02 mit dem Personenzug 6384 nach Litschau bei der Gleisgabelung in Alt Nagelberg festgehalten.

Der lange GmP 71435 mit der 2095.14 hat Litschau erreicht. Der Personenverkehr war durch den parallel geführten Bus in den letzten Jahren rückläufig. Zwanzig Tage später endete der Personenverkehr nach Litschau und Heidenreichstein. Am 10. Mai 1986 war die Lokalbahnwelt noch in Ordnung. ▸

LITSCHAU
2095.14

HEIDENREICHSTEIN
399.02

◂ Für eine Reisegruppe wurde die Dampflokomotive 399.06 am Gmünder Gleisdreieck gedreht und verkehrte außerplanmäßig mit Kessel Richtung Süden schauend mit dem GmP 71433. Am 28. September 1986 aufgenommen in der Station Aalfang.

Das Waldviertel war auch im Winter für viele Eisenbahnfreunde immer einen Besuch wert. Während auf der Normalspur der Dampfbetrieb 1976 endete, dampfte es auf der Waldviertelbahn auch noch am 13. Jänner 1979 in Heidenreichstein mit der 399.05 und dem kurzen GmP 71434.

◂ Am 9. September 1980 steht die 399.02 mit ihrem gut ausgelasteten GmP im verschneiten Bahnhof Heidenreichstein kurz vor der Abfahrt Richtung Gmünd bereit. Das Aufnahmegebäude zeigt sich sichtlich gezeichnet und bedarf einer Sanierung.

◂ Im Bahnhof Gmünd, der erst nach dem Zweiten Weltkrieg seine umfangreichen Gleisanlagen erhielt, stehen die 399.04 als GmP 71434 nach Litschau und die 399.05 als Personenzug 6365 nach Groß Gerungs abfahrbereit (aufgenommen am 6. September 1985).

Mit einem bunt gemischten Güterzug durchfährt die 399.04 am 9. September 1978 den Bahnhof Alt Weitra Richtung Langschlag. Der Güterverkehr wurde auf der Waldviertelbahn zum größten Teil mittels Rollwagen mit normalspurigen Güterwagen abgewickelt.

◂ Mit vier aufgeschemelten Güterwagen der Type E fährt die 399.01 als Güterzug 71445 bei Eichberg Richtung Weitra. Das starke Güterverkehrsaufkommen erforderte bis Anfang der 1990er-Jahre den Einsatz der leistungsstarken Dampflokomotiven auf der Waldviertelbahn. Aufgenommen am 30. Jänner 1981.

399.04
75

◂ Im Personenverkehr am Südast waren die kleinen Lokomotiven der Reihe 2190 und 2091 aufgrund ihrer geringeren Leistungsstärke seltener im Einsatz als am Nordast. Gleich mit zwei 2091ern, nämlich der 2091. 02 und 2091.03 war der Personenzug zur Mittagszeit bei Alt Weitra Richtung Groß Gerungs bespannt.

Gleich drei Schlepptenderlokomotiven der Reihe 399 zogen den Güterzug 71445 ab Weitra nach Steinbach-Groß Pertholz anlässlich einer Probefahrt der frisch ausgebesserten 399.06 mit grün lackiertem Kessel. Mit der 399.04 und der 399.02 am Weitraer Viadukt vor dem Schloss Weitra am 26. März 1983.

◂ Zum 75-jährigen Jubiläum des Waldviertler Semmerings, wie die Südstrecke der Waldviertelbahn gerne auch genannt wird, verkehrten die 399.04 und 399.03 am 10. September 1978 mit zahlreichen von der Mariazellerbahn ausgeborgten Vierachsern und Zweiachsern Richtung Groß Gerungs bei Alt Weitra.

◂ Die Reihe Uv, unter der ÖBB als Reihe 298.2, war mit der letzten verbliebenen original Waldviertelbahn-Lokomotive 298.207 bis Anfang der 1990er-Jahre im Planverkehr anzutreffen. Am 1. September 1979 bespannte die Maschine den Personenzug 6365 am Weitraer Veitsgrabenviadukt.

Im Winter wurden gerne die ehemaligen Heeresfeldbahn-Vierachser im Personenverkehr eingesetzt. Die 2091.03 bespannte den kurzen Personenzug 6363 bei der Ausfahrt aus dem Bahnhof St. Martin bei Weitra mit der im 18. Jahrhundert barockisierten Pfarrkirche, die dem heiligen Martin geweiht ist.

◂ Vor der ländlichen Idylle des Waldviertels hat die 399.04 am 13. Juni 1980 mit einem langen Güterzug den Bahnhof Steinbach-Groß Pertholz, den Ausgangspunkt des Streckenabschnittes Waldviertler Semmering Richtung Groß Gerungs, erreicht.

Mit dem langen und gut besetzten sonntägigen Personenzug verlässt die 399.01 den Bahnhof Steinbach-Groß Pertholz Richtung Groß Gerungs. Die Ausfahrt und Steigung aus dem Bahnhof Richtung Bruderndorf mit der Dampflokomotive ist bis heute ein Ohren- und Augenschmaus für die Reisenden.

Mit dem Probezug Nz 6363 haben die frisch ausgebesserte 399.06 und die bei Probefahrten als Reservelok mitgeführte 399.04 die Wasserstation Bruderndorf mitten im Wald, kurz vor dem großen Bruderndorfer Tunnel, erreicht. Die 399.06 verkehrt heute als Mh.6 auf der Mariazellerbahn , die 399.04 als Mh.4 auf der Waldviertelbahn.

Mit dem neuen ÖBB Signet, auch bekannt als Pflatsch, verkehrte die 399.06 Anfang der 1980er-Jahre im Planverkehr auf der Waldviertelbahn, wie hier am 28. Oktober 1980 bei Bruderndorf. Die Maschine erhielt 1983 einen grün lackierten Kessel und ging 1993 nach Ober-Grafendorf zum heutigen Club Mh.6.

Die Ausfahrt aus dem Bahnhof Groß Gerungs führt südöstlich des Ortes entlang und bietet einen schönen Blick über den Ort. Die 399.01 bespannte am 30. Jänner 1980 den Güterzug 71448 auf der Rückfahrt Richtung Gmünd.

Den Endbahnhof erreicht hat die 298.207 mit ihrem Personenzug aus fünf sogenannten Tonnendachwagen, in den 1950er-Jahren mit neuen Wagenkästen versehene Personenwagen mit vier Fenstern und Tonnendach. Die Aufnahme entstand am 21. September 1980.

3.

Erste touristische Akzente 1986–2001

Die 1983 durchgeführten Probefahrten mit den modernen Dieseltriebwagen der Murtalbahn blieben zwar für die Nordstrecken ohne Erfolg, konnten jedoch auf der Südstrecke nach Groß Gerungs den Verkehr deutlich rationalisieren. Zwei Stück dieser „Nebenbahnretter", nämlich VT 5090.04 und VT 5090.05, wurden ab 1986 dauerhaft in Gmünd stationiert.

Um die Attraktivität weiter zu verbessern, wurden die Stationen Schöllbüchl und Heinreichs neu eröffnet sowie die Haltestelle Bruderndorf näher am Ort situiert.

Um der touristischen Nachfrage nach Dampfzügen Genüge zu tun, wurden bereits ab 1979 an Sommerwochenenden zwei fahrplanmäßige Zugpaare mit Dampflokomotiven bespannt. Die Fahrt mit der Dampflokomotive über den Waldviertler Semmering entwickelte sich im Laufe der Jahre zu einem Publikumsmagneten auf der Südstrecke. Die Züge wurden meist von einer der Stütztender-Dampflokomotiven der Reihe 399 oder der etwas schwächeren 298.207 bespannt.

Um auch am Nordast einen zumindest touristischen Personenverkehr anbieten zu können, wurde 1987 der Waldviertler Schmalspurbahnverein (WSV) gegründet, der fortan zahlreiche Sonderzüge nach Litschau und Heidenreichstein veranstaltete. Der geringe Güterverkehr und die hohen Streckenerhaltungskosten veranlassten die ÖBB den Abschnitt Alt Nagelberg–Heidenreichstein per 29. Mai 1992 stillzulegen. Da der WSV jedoch weiterhin Sonderzüge nach Heidenreichstein führen wollte, musste dieser die Erhaltung der Strecke übernehmen.

Auf der Litschauer Strecke entwickelte sich der Güterverkehr sehr positiv, wodurch infolge des drückenden Diesellokmangels bis 1999 immer wieder Dampflokomotiven zur Bespannung der Güterzüge herangezogen werden mussten. Dieser „Plandampf" war 1999 wohl ein österreichisches Novum!

Im Touristik-Personenverkehr wurde es jedoch ruhig – so gab es, mit Ausnahme der 100-Jahr-Feier im Jahr 2000, nur mehr wenige Sonderzüge nach Litschau. Die steigenden Produktionskosten im Güterverkehr, bedingt durch das zeitaufwendige Aufschemeln der Normalspurwagen auf Rollwagen am Bahnhof Gmünd, führten trotz zuletzt hohem Frachtaufkommen per 10. Jänner 2001 zur Einstellung des Güterverkehrs nach Litschau.

NEU NAGELBERG
5090 005-9

5090 004-2
5090 005-9

◂ Ab 1986 kamen die neuen ÖBB Nahverkehrsdieseltriebwagen der Reihe 5090 auf der Waldviertelbahn zum Einsatz. Im Zuge einer Probefahrt am 25. April 1986 fuhren die fabrikneuen 5090.005 und 004 durch Neu Nagelberg.

Die Erstauslieferung der neuen Triebwagen erfolgte direkt nach Gmünd. Anlässlich einer Probefahrt kamen die fabrikneuen 5090.001 bis 004 als Vierfachtraktion von Gmünd nach Weitra zum Einsatz. Eine Aufnahme vom 3. April 1986.

◂ Die Doppelausfahrt mit zwei 5090ern Richtung Litschau und Heidenreichstein gab es nur anlässlich der Probefahrt am 25. April 1986, für den Schienenpersonennahverkehr kamen die 5090er auf dem Nordast leider zu spät. Die Einstellung des Personenverkehrs erfolgte mit 1. Juni 1986.

Um die Kapazität zu erweitern, gelangte der Krimmlerwagen mit Dienstabteil BD4ip/s 4261 in der Jaffa-Lackierung zur Waldviertelbahn. Die grünen Vierachser waren die letzten grünen Reisezugwagen der ÖBB im Planverkehr. Der Zug hält am 9. April 1998 mit der 2091.07 in der Station Alt Weitra. ▸

Bei Ausfall der zwei 5090er-Triebwägen der Waldviertelbahn kamen bis 2001 immer wieder Lokomotiven zum Einsatz. Am 13. November 1996 durfte die 2091.007 für einen ausgefallenen Triebwagen einspringen und führte die kurze Garnitur beim Seidlteich in Alt Weitra Richtung Groß Gerungs.

Erst in den letzten Jahren des Planverkehrs kamen verstärkt Diesellokomotiven der Reihe 2095 von anderen Strecken zu Gasteinsätzen. Die 2095.008 bespannte am 16. Mai 2000 bei Weitra einen Güterzug bestehend aus vier Kartoffelwagen für die Kartoffelfabrik in Gmünd. ▸

2095 008-5

399.01

◂ Auf dem Weg von Groß Gerungs nach Gmünd verlässt der bereits rot-achatgrau lackierte 5090.005 als Regionalzug 7574 den Bahnhof Weitra. Im Hintergrund ist das Renaissanceschloss aus dem 17. Jahrhundert zu erkennen. Eine Aufnahme vom 18. Mai 1996.

Mit dem langen Güterzug 71443 hat die 399 002, sogar mit Computernummer beschriftet, Weitra erreicht. Neben Kartoffelwagen für Gmünd war auch ein Staubkesselwagen im Zugverband. Ohne die starken Dampflokomotiven wäre in den 1980er-Jahren der Güterverkehr im Waldviertel nicht durchführbar gewesen.

◂ Die Stationen der kleinen Orte lagen leider auch am Südast oft abseits der Ortskerne. Mit einem Personenzug erreicht die 399.01 im Jahr 1986 die Station Langfeld mit dem hölzernen Haltestellengebäude. Der Ort selbst liegt einige hundert Meter westlich und talabwärts.

STEINBACH-GR.PERTHOLZ
CH-GR.PERTHOLZ
5090 004-2
E

2095 007-7

◂ Zahlreiche Personenzüge endeten in den 1990er-Jahren im Bahnhof Steinbach-Groß Pertholz. Der 5090.004 hat den Zielbahnhof als R 6390 am 1. Juli 1991 erreicht und der Lokomotivführer bereitet sich für die Rückfahrt nach Gmünd vor.

Der touristische Verkehr mit Dampflokomotiven wurde bereits in den 1980er-Jahren ausgeweitet und in den 1990er-Jahren auf der Waldviertelbahn immer populärer. Mit dem Dampfzug 7591 fährt die 399.02 bei St. Martin bei Weitra durch die frühlingshafte Landschaft Richtung Groß Gerungs.

◂ Mit einem mit Holz beladenen Wagen fährt die 2095.007 am 21. Mai 1993 bei Abschlag Richtung Gmünd. Die Maschine kam im Waldviertel mehrmals zum Einsatz, ging jedoch im Zuge von Fahrzeugtäuschen immer wieder zu anderen Schmalspurbahnen der ÖBB.

Im August 1999, dem vorletzten Jahr mit Güterverkehr auf der Waldviertelbahn, bespannte die 2095.014 einen Kartoffelzug bei Harruck. Der letzte Güterzug verkehrte im Dezember 2000 nach Groß Gerungs.

In den letzten Betriebsjahren dominierte im Güterverkehr der Transport von Holz und Kartoffeln für die Fabrik in Gmünd. Mit dem voll beladenen Kartoffelzug G 71446 fährt die 2095.012 in der Valousek-Lackierung mit beiger Bauchbinde bei Harruck Richtung Gmünd.

Durch die Einstellung des Güterverkehrs auf Mariazellerbahn und Krumpe (Grestner Bahn) wurden zahlreiche Lokomotiven frei. Die 2095.015 kam dadurch auf der Waldviertelbahn im Personen- und Güterverkehr zum Einsatz. Mit dem Regionalzug 2177 wurde diese Lokomotive bei Harruck am 23. August 1999 festgehalten.

2095 014-3

2095 015-0

Langschlag
399.01

◂ Anlässlich der Schmalspur-Expo 1999 kamen zahlreiche Gastfahrzeuge zur Waldviertelbahn. Die vom Club 760 aufgearbeitete 2091.03 kam zurück in ihre Heimat, wo sie von 1979 bis 1988 im Einsatz stand. Mit einem Sonderzug gelangte die 2091.03 bis Groß Gerungs. Hier ist der Zug in Langschlag zu sehen.

Im Bahnhof Langschlag verschiebt am frühen Morgen des 2. Juli 1991 die 2095.014 einen Güterwagen auf das Ladegleis. Die kurzen offenen Güterwagen auf den Rollwagen waren in den darauffolgenden Jahren bereits Geschichte.

◂ Zwei Dampfzüge auf dem Weg nach Gmünd treffen sich im Bahnhof Langschlag. Die 399.01 mit dem Personenzug aus Groß Gerungs überholt die 399.04 mit dem Güterzug im Frühjahr 1986.

Mit 10. Jänner 2001 endete der planmäßige Güterverkehr auf dem Netz der Waldviertelbahn. Die 2095.012 und 014 bespannten noch bis zur Einstellung stark ausgelastete Holzzüge, wie hier am 6. Mai 1999.

Im Jahr 1983 erfolgte bereits eine Probefahrt mit dem VT34 der Steiermärkischen Landesbahn auf dem Netz der Waldviertelbahn. In Heidenreichstein traf dieser auf einen Personenzug mit der 2091.03. Der Planverkehr am Nordast endete leider trotzdem im Jahr 1986.

Der langjährige Triebfahrzeugführer der Waldviertelbahn Ernst Haider (†) hatte die Ehre, den allerletzten Planzug von Gmünd nach Groß Gerungs mit dem übervollen 5090.004 zu führen. In den Stationen wurde der Zug von der Bevölkerung mit Musik, Broten und Schnaps empfangen.

Anlässlich der Reparatur der Dampflokomotive U11 im tschechischen Ausbesserungswerk České Velenice erfolgte 1998 eine Probefahrt auf der Waldviertelbahn. Die U11 steht mit dem kurzen Probezug in Alt Nagelberg vor der Abfahrt Richtung Gmünd.

Im Jahr 1992 wurde die U47 001 des Technischen Museums Prag nach der Reparatur im Ausbesserungswerk České Velenice auf der Waldviertelbahn getestet, bevor die im Jahr 1907 bei Henschel gebaute Maschine zum Schmalspurbahnnetz von Jindřichův Hradec überführt wurde.

4. Mit touristischem Verkehr ins 21. Jahrhundert

Als die ÖBB im Juni 2001 den öffentlichen Personenverkehr nach Groß Gerungs auflieβ, wurde die Einstellung des Gesamtbetriebes absehbar. In letzter Minute sprang das Land Niederösterreich ein und sicherte die Weiterführung des touristischen Ausflugsverkehrs durch die ÖBB-Erlebnisbahn auf der Südstrecke. Wurden die Fahrten in der Restsaison 2001 nur mit Diesellokomotiven erbracht, so dampfte ab 2002 im 14-tägigen Rhythmus wieder eine Lok der Reihe 399 über den Waldviertler Semmering.

Ein hohes Maß an Kreativität und Überzeugungsarbeit durch die NÖVOG sowie die Kooperation aller Akteure ermöglichten ab Juni 2003 die Ausweitung der Fahrten auf den Nordast nach Litschau.

Eine umfangreiche Bewerbung des neuen Angebotes und Sonderzüge zu Veranstaltungen ließen den Erfolg nicht lange auf sich warten. Die Bahn wurde zu einem fixen touristischen Impulsgeber für die gesamte Region und Züge mit mehreren hundert Fahrgästen sind nun keine Seltenheit mehr.

Der inzwischen miserable Oberbauzustand auf der Litschauer Strecke veranlasste die ÖBB, zahlreiche Langsamfahrstellen einzurichten, wodurch sich die Fahrzeit für die 25 Kilometer lange Strecke auf eineinhalb Stunden verlängerte. Durch einen zwischen der NÖVOG und ÖBB abgeschlossenen Infrastrukturvertrag konnten in den Jahren 2004 und 2005 nach langer Zeit wieder Oberbauerneuerungen am Nordast durchgeführt werden.

In Zusammenarbeit mit dem Fassldorf, einem Dorf aus lauter Holzfässern mit Gastronomie, wurde im Jahr 2003 auf der Gerungser Strecke im Bereich der Haltestelle Abschlag ein neuer, längerer Bahnsteig errichtet. Die Züge hielten dort fortan 15 Minuten, um den Fahrgästen eine Besichtigung des Fassldorfs zu ermöglichen.

Am Fahrzeugsektor kamen infolge der gestiegenen Fahrgastzahlen im Jahr 2008 zwei Aushilfswagen der Mariazellerbahn zum Einsatz. Ab der Saison 2009 wurden die Pinzgauer Wagen 3243 und 3244 auf die Waldviertelbahn überstellt. Im Zuge der fälligen T-Ausbesserung wurde die Diesellokomotive 2095.12 im Jahr 2006 wieder zu ihrem ursprünglichen Aussehen rückgebaut.

Nach der Einstellung des Planverkehrs wurde der Fuhrpark deutlich reduziert. Die beiden 2095er 012 und 014 verblieben für die Nostalgiezüge auf der Waldviertelbahn, die 2095.014 bespannte an einem schönen Augusttag den Sonderzug 32003 von Gmünd nach Groß Gerungs. ▸

Auf Initiative des Landes Niederösterreich und dessen Verkehrskoordinationsstelle NÖVOG ging der touristische Verkehr auf der Waldviertler Schmalspurbahn nach der Einstellung des Planverkehrs durch die ÖBB weiter. Die 399.04 bespannte einen siebenteiligen Zweiachserzug am herbstlichen 13. Oktober 2001.

Der Weitraer Advent ist eines der stärksten Wochenenden für die Waldviertler Schmalspurbahn. Vier Dampfzugpaare mit mehr als 2.000 Fahrgästen pendelten 2003 zwischen Weitra und Gmünd, wie hier die 399.04 mit Schiebelok 2095.012 bei Eichberg auf dem Weg nach Weitra. ▸

399.04

Im Jahr 2005 erhielt die 2091 009-7 vom WSV für kurze Zeit ein beige lackiertes Dach. In dieser besonderen Ausführung leistet sie der 2095 012-7 am 5. Mai 2005 im Bahnhof Weitra Vorspann. In den Folgejahren, von 2006 bis 2010, verkehrte die 2091 009-7 im Nostalgieverkehr auf der Ybbstalbahn. ▸

Der Advent-Pendelzug nach Weitra mit der Zuglokomotive 399.04 sowie der für die Rückfahrt am Zugschluss mitlaufenden 2095.012 fährt am Seidlteich bei Alt Weitra vorbei. Diese Bespannungen ermöglichen kurze Zugwenden in Weitra und Gmünd, wodurch aufwändige Rangiermanöver eingespart werden können.

Der schlechte Streckenzustand des Nordastes erforderte im Jahr 2004 zahlreiche Baumaßnahmen für eine weitere Befahrbarkeit mit Sonderzügen. Die 2095.014 war im Mai 2004 mit einem Bauzug zwischen Alt und Neu Nagelberg unterwegs. ▸

2091 009-7

2095 012-7

1042 014-9
399.03

399.01

◂ Die 399.03 wurde am 12. Mai 2005 vom Ybbstal ins Waldviertel überstellt, um dort gemeinsam mit der in Meiningen ausgebesserten 399.01 zum Einsatz zu kommen. Ein Überstellzug mit der 1042.014 brachte die besondere Fuhre von Waidhofen an der Ybbs nach Gmünd, hier in Sigmundsherberg aufgenommen.

Am Sonntag, dem 3. Juli 2005, kam bei der berühmten Doppelausfahrt anlässlich 105 Jahre Nordast endlich die Sonne heraus. Die frisch ausgebesserte 399.01 fuhr mit ausverkauftem Sonderzug nach Litschau, die 399.03 mit einer Garnitur des Waldviertler Schmalspurvereins nach Heidenreichstein.

◂ Am 30. Juni 2005 dampft die 399.01 über das tief im Wald gelegene 72 Meter lange Wolfganggrabenviadukt, das mit dem Weitraer Veitsgrabenviadukt zu den markantesten Kunstbauten der Waldviertelbahn zählt.

399.03

LITSCHAU
WALDVIERTLER
ERDÄPFEL
EXPRESS

◂ Der Waldviertler Schmalspurbahnverein besitzt heute nach der Abgabe der Werk- und Feldbahnlokomotiven keine eigene Dampflok mehr, der Gasteinsatz der 399.03 anlässlich des Jubiläums 105 Jahre Nordast am 3. Juli 2005 war der bislang letzte Einsatz einer 399er nach Heidenreichstein.

Eine große Dampflokparade mit den zwei ÖBB 399.01 und 399.03 sowie den zwei Dampflokomotiven des Schmalspurvereins (Lokomotiven 100.13 und 170.1) wurde anlässlich des Jubiläums 105 Jahre Waldviertelbahn im Bahnhof Alt Nagelberg veranstaltet.

◂ Die NÖVOG beauftragte die ÖBB Personenverkehr AG ab 2001 immer mehr mit Themenzügen auf der Waldviertelbahn. Vor allem nach Litschau wurde ab Mitte der 2000er-Jahre der touristische Verkehr reaktiviert. Im September 2005 erreicht die 399.01 mit dem vollen Erdäpfel-Express-Sonderzug soeben Litschau.

Der große Bruderndorfer Tunnel wird außerhalb der Touristensaison mit Holzelementen verschlossen. In besonders kalten Wintern bilden sich durch vereinzelte Wassereinschlüsse beeindruckende Eisskulpturen. Am 25. März 2006 zeigt sich dem Fotografen wahrlich eine Eisriesenhöhle.

Ab Herbst 2005 kam die 699.103 von der Steyrtalbahn zu einem längeren Gasteinsatz auf die Waldviertelbahn. Die Maschine war bereits im Dezember 1971 kurzzeitig im Waldviertel, war jedoch leistungstechnisch zu schwach für Streckeneinsätze. Hier ist der Sonderzug 16007 am 15. Oktober 2005 bei Steinbach unterwegs.

Anlässlich des Saisonstarts am 29. April 2006 wurde im Bahnhof Alt Nagelberg eine Parade mit vier Lokomotiven veranstaltet. Von links nach rechts sind die 2091.07, die 2091.09, die 699.103 Leihlokomotive der ÖGEG sowie die 399.03 zu sehen.

2091.09
699.103
399.03

2095.12
399.01

ÖBB
2095 007-7

◄ Im letzten Jahr unter der ÖBB fand zum Start in die Saison am 6. Juni 2010 in Alt Nagelberg eine Doppelausfahrt der 399.01 und der 2095.12 statt, die in Waidhofen an der Ybbs eine nostalgische Lackierung erhalten hat.

Nach der Rückkehr der 399.01 aus Meiningen erfolgte am 1. Mai 2007 der Saisonstart mit einer Doppeltraktion von Gmünd nach Groß Gerungs, aufgenommen bei St. Martin bei Weitra. Gleichzeitig war es der Abschied der 399.03, die danach an die Pinzgauer Lokalbahn abgegeben wurde.

◄ Ab 2004 ermöglichten die sogenannten Mittwochfahrten am Nord- und Südast erstmals durchgehende Züge von Litschau nach Groß Gerungs und retour. Der vormittägige Zug konnte am 10. September 2008 mit einer bunten Garnitur bei Alt Nagelberg festgehalten werden.

Um zusätzliche Sitzplätze in den Zügen anzubieten, kamen auf der Waldviertelbahn zwei Vierachser der Mariazellerbahn in braun und Valousek-Lackierung zum Einsatz. Die 2095.007 bespannte ab 2008 statt der abgestellten 2095.014 die Nostalgiezüge, wie hier im Herbst 2008 vor dem Mittwochzug bei Langschlag.

Die Wochenendgarnitur bestand meist aus dem Haubendachspeisewagen in Beige aus dem Jahr 1988 und den Tonnendachwagen mit den Werbetafeln der Gemeinden. Der Sonderzug fährt am 22. Oktober 2006 mit der Stammlok 2095.12, vorbei an der Denkmallok 298.206, in den Bahnhof Langschlag ein.

5.
Die Waldviertelbahn wird wieder Landesbahn

Im Dezember 2010 wurde die NÖVOG damit beauftragt, den Gesamtbetrieb der Waldviertelbahn von den ÖBB zu übernehmen. So wurde die Schmalspurbahn nach 88 Jahren wieder zur Landesbahn. In der ersten NÖVOG Saison 2011 wurde der touristische Verkehr bereits massiv forciert.

Durch die (Wieder-) Überstellung von Triebwagen der Reihe VT 5090 im Jahr 2012 konnte das Fahrplanangebot an Wochentagen ausgebaut werden. Inzwischen versehen drei Triebwagen (VT8, VT11, VT13) im neuen goldenen Design Dienst auf der Waldviertelbahn.

Das Fahrgastaufkommen entwickelte sich daraufhin derart positiv, dass ab 2013 erstmals nach 27 Jahren im Sommer wieder täglich Züge nach Litschau verkehrten.

Die wesentlichste Investition der NÖVOG war der Neubau des Betriebszentrums Gmünd im Jahr 2013. Neben dem Neubau sämtlicher Gleisanlagen wurden eine zeitgemäße Werkstätte und eine stilvolle Bahnhofshalle errichtet, die zum ersten Mal das geschützte Abstellen der Personenwagen ermöglichte. Mit Saisonstart 2014 wurden die neuen Anlagen feierlich in Betrieb genommen.

Die jahrelang vernachlässigten Investitionen in die Oberbauanlagen nahm die NÖVOG umgehend in Angriff. Dadurch gelang es, die Langsamfahrstellen auf beiden Strecken aufzuheben und die Fahrzeit nach Litschau um rund eine halbe Stunde auf nur mehr 50 Minuten zu senken.

Die Revitalisierung der Dampflokomotiven Mh.1 und Mh.4 wurde im Dampflokwerk Meiningen beauftragt. Seit 2013 bzw. 2016 stehen die wieder in den historischen Zustand versetzten Maschinen vor den Dampfbummelzügen im Einsatz. Auch den urigen zweiachsigen Personenwagen wird in der Werkstätte Gmünd das Erscheinungsbild der 1960er-Jahre schrittweise wieder zurückgegeben.

Ein buntes Rahmenprogramm mit zahlreichen Veranstaltungen, thematischen Sonderzügen und Erlebnisstationen entlang der Strecke zählen in der Zwischenzeit zum Fixbestandteil der Waldviertelbahn. Infolge der steigenden Fahrgastzahlen wurde das Fahrplanangebot weiterhin verbessert. Die Waldviertelbahn präsentiert sich nun als höchst attraktive Ausflugsbahn im nördlichen Niederösterreich.

Anlässlich der Fotofahrt am 24. Juni 2012 kam es für die mitgereisten Fotografen zur Gegenüberstellung der 2095.12 und der 2190.02 vor dem Aufnahmegebäude Litschau. Die nicht betriebsfähige 2190.02 wurde durch den WSV optisch aufgearbeitet.

Das Oldtimertreffen auf der Waldviertelbahn fand 2011 bei schönstem Wetter mit einer Parallelfahrt von Dampfzug 399.01 mit Vorspann Diesellokomotive 2091.09 sowie zahlreichen Oldtimer Autos bei Alt Nagelberg statt. Die Oldtimertreffen auf Straße und Schiene erfreuen sich großer Beliebtheit.

Im Jahr 2011 kam die Baureihe 2091 mit den alle zwei Wochen eingesetzten Dieselzügen Gmünd–Litschau an Sonn- und Feiertagen zum Einsatz. Im selben Jahr verloren die Wagen die bunten Ortstafeln. Mit einer rein grünen Zweiachsergarnitur konnte die 2091.09 kurz vor der Station Brand fotografiert werden.

LITSCHAU
2095.12

VT 13

◄ Dreifachtraktionen bei den goldenen Waldviertelbahn-Triebwagen sind eher die Ausnahme. Am 3. August 2016 kam es aufgrund mehrerer Reisegruppen zu einer seltenen Bespannung mit allen drei Triebwagen VT13, VT8 und VT11.

Die Bahnhofsparaden bei den Events der NÖVOG haben sich als Publikumsmagnet etabliert. Mit zwei Lokomotiven der Reihe Mh (Mh.1 und Mh.4) sowie zwei Lokomotiven der Reihe 2091 (02 und 09) war am 5. Juni 2016 in Alt Nagelberg der Höhepunkt des Festwochenendes erreicht.

◄ Die historische Diesellokomotive 2095.12 mit ihrem GmP trifft im Bahnhof Brand auf einen historischen Traktor. Jedes Jahr werden spezielle Fahrten für Eisenbahnfreunde und Interessierte angeboten.

NEU-NAGELBERG
2095.05

◄ Der Bahnhof Neu Nagelberg, wenige Meter neben der Staatsgrenze, wurde vom WSV mustergültig saniert und ist eines der schönsten Motive bei der touristischen Fahrt mit der 2095.05 nach Litschau am 15. Juni 2011. Die meisten Bahnhöfe befinden sich heute im Besitz von Gemeinden oder Privatpersonen.

Eine Doppeleinfahrt in den Bahnhof Alt Nagelberg war früher fahrplantechnisch nur selten der Fall. Anlässlich einer Fotoveranstaltung wurde die Einfahrt mit den Diesellokomotiven 2095.12 aus Litschau und 2091.09 aus Heidenreichstein nachgestellt.

◄ Über das stark verwachsene Lainsitz-Viadukt fährt hier die 2095.12 mit einem kurzen Zug Richtung Gmünd. Der Fluss entspringt bei Freiwald am Aichelberg bei Karlstift und verläuft über St. Martin und Weitra bis Gmünd entlang der Waldviertelbahn und weiter in die Tschechische Republik.

Die Herbstfahrten auf der Waldviertelbahn sind dank des großen Laubbestandes für die Reisenden immer ein Erlebnis. Bei kühleren Temperaturen sind die Dampflokfahrten ab Alt Weitra ein akustisches Erlebnis. Die Mh.1 fährt im Oktober 2015 mit dem gut ausgelasteten Zug 16903 in den Bahnhof Weitra ein. ▸

Im Jahr 2015 kam mit dem 5090 011 (VT11) ein dritter Triebwagen ins Waldviertel. Bei einer Testfahrt am 1. September 2015, bei der er noch die ehemalige Lackierung trug, konnte der Triebwagen bei der Ausfahrt aus Alt Weitra als Zug 16907 mit der Pfarrkirche Mariä Geburt festgehalten werden.

Ab 2012, mehr als elf Jahre nach der Einstellung des Planverkehrs, kamen wieder Dieseltriebwagen der Reihe 5090 nach Gmünd. 5090 008 und 013 waren am Mittwoch, dem 8. August 2012, anstelle der ausgefallen 2095.12 nach Gmünd beim neu sanierten Bahnhof Brand unterwegs. ▸

BRAND
Waldviertelbahn
Waldviertelbahn

Die 2015 im Dampflokwerk Meiningen ausgebesserte Mh.4 (ex. 399.04) kehrte im Jahr 2016 in den touristischen Verkehr zurück. Abwechselnd mit der Mh.1 werden die Dampfzüge bespannt, wie am 1. Oktober 2016 beim großen Bogen nach der neuen Haltestelle Bruderndorf.

32
2
Mh.4

Im Bahnhof St. Martin bei Weitra wurde bis zum Jahr 2000 oft Holz verladen, heute halten die touristischen Züge in der Station. Der Mittwochzug nach Groß Gerungs verkehrt immer mit Diesellokomotive und Wagen, wie am 10. Juli 2011 mit der 2095.05. ▸

Die Advent-Züge sind bis heute zentraler Bestandteil des Angebotes der Waldviertelbahn. Auf der Strecke von Weitra Richtung Gmünd wird eine 180-Grad-Kehre mit gleichzeitig fallender Streckenführung durchfahren. Die beiden Diesellokomotiven mit den neuen Bezeichnungen V5 und V12 rollen gerade mit dem langen Sonderzug aus dem Bogen in Richtung Alt Weitra.

Montag bis Freitag, außer Mittwoch, und auch an Sonn- und Feiertagen kommen am Südast die goldenen Waldviertelbahn-Triebwagen zum Einsatz. Am 1. Juli 2014 wartet der 5090.08 im Bahnhof Langschlag auf die Rückfahrt nach Gmünd. ▸

Waldviertelbahn
5090 .008

Die Mh.6 der Mariazellerbahn kam im Mai 2013 nach Ausfall der Mh.1 für einige Wochen zu ihrem ersten Gasteinsatz auf der Waldviertelbahn. Dabei konnte sie mit einem Sonderzug für englische Eisenbahnfreunde vor der Kulisse der Groß Gerungser Chorturmkirche Margaretha festgehalten werden.

Eine Dampflokparade im Bahnhof Langschlag mit der Denkmallokomotive Uv.2 (ex. 298.206) sowie der Mh.1 und der Mh.3 ergab sich anlässlich der ersten Doppeltraktion nach Groß Gerungs unter der Regie der NÖVOG.

6.

Der Bahnhof Gmünd im Wandel der Zeit

Die Züge der Waldviertelbahn begannen ursprünglich am Bahnhof České Velenice (damals Gmünd Lokalbahn), wo sich auch alle bahnbetrieblichen Einrichtungen wie Heizhaus, Personalwohnhaus, Drehscheibe und Werkstätte befanden.

Die politischen Folgen des Ersten Weltkriegs brachten mit 1. August 1920 die Teilung der Stadt Gmünd. Die Fahrgäste durften erst auf österreichischem Staatsgebiet bei den Haltestellen Gmünd Wieden/Ehrendorf und Gmünd Böhmzeil in die Züge einsteigen.

Erst im Sommer 1923 wurden an der heutigen Stelle des Bahnhofs Gmünd (ursprünglich gab es dort nur die Haltestelle Gmünd Stadt der Franz-Josefs-Bahn) einfache Anlagen für die Waldviertelbahn errichtet. Fortan verkehrten alle Züge vom heutigen Bahnhof Gmünd aus.

Züge in Richtung Alt Nagelberg mussten jedoch weiterhin über České Velenice verkehren. Erst durch Abschluss eines Staatsvertrages mit der Tschechoslowakei am 15. April 1927 konnte ein Gleisbogen in České Velenice errichtet werden, um das aufwändige Stürzen der Züge im Lokalbahnhof einzusparen.

Am 23. März 1945 brach der Schrecken des Krieges über Gmünd herein. Mehr als 2.000 Bomben fielen auf die Gleisanlagen, Bahnsteige und Gebäude und vernichteten in wenigen Minuten alles.

Nach dem Kriegsende mussten am 17. Juli 1945 in České Velenice alle noch vorhandenen bahnbetrieblichen Anlagen überfallsartig geräumt werden. Danach herrschte Chaos, da es in Gmünd nur einfache Anlagen für die Waldviertelbahn gab. Erst im Jahr 1948 wurden ein Heizhaus und eine Werkstätte errichtet, sodass Reparaturen in der Nachkriegszeit unter freiem Himmel durchgeführt werden mussten.

Von den einstigen umfangreichen Schmalspuranlagen in České Velenice sind noch der ehemalige Bahndamm, der als Feldweg genutzt wird, und die einzige Drehscheibe der Waldviertelbahn bis in das 21. Jahrhundert erhalten geblieben.

Auf dem verbliebenen Streckenstück bis zur Staatsgrenze entstand in der Folge das Gmünder Gleisdreieck, ein österreichweites Unikat in der Spurweite 760 Millimeter, das auch heute noch zum Drehen von Fahrzeugen verwendet wird.

Die NÖVOG ersetzte 2014 die abgewirtschafteten Anlagen aus dem Jahr 1948 durch ein modernes Betriebszentrum mit Bahnhofshalle und Werkstätte.

Gmünd. Bahnhof.
GMÜND

Gmünd i/Öst. Bahnho

◂ Der erste Bahnhof Gmünd stand östlich des in den Jahren vor 1909 erweiterten Bahnhofes Gmünd mit einem größeren Empfangsgebäude. Der erste Bahnhof entsprach den Baumustern der Bahnhöfe zwischen Gmünd und Tulln an der Donau.

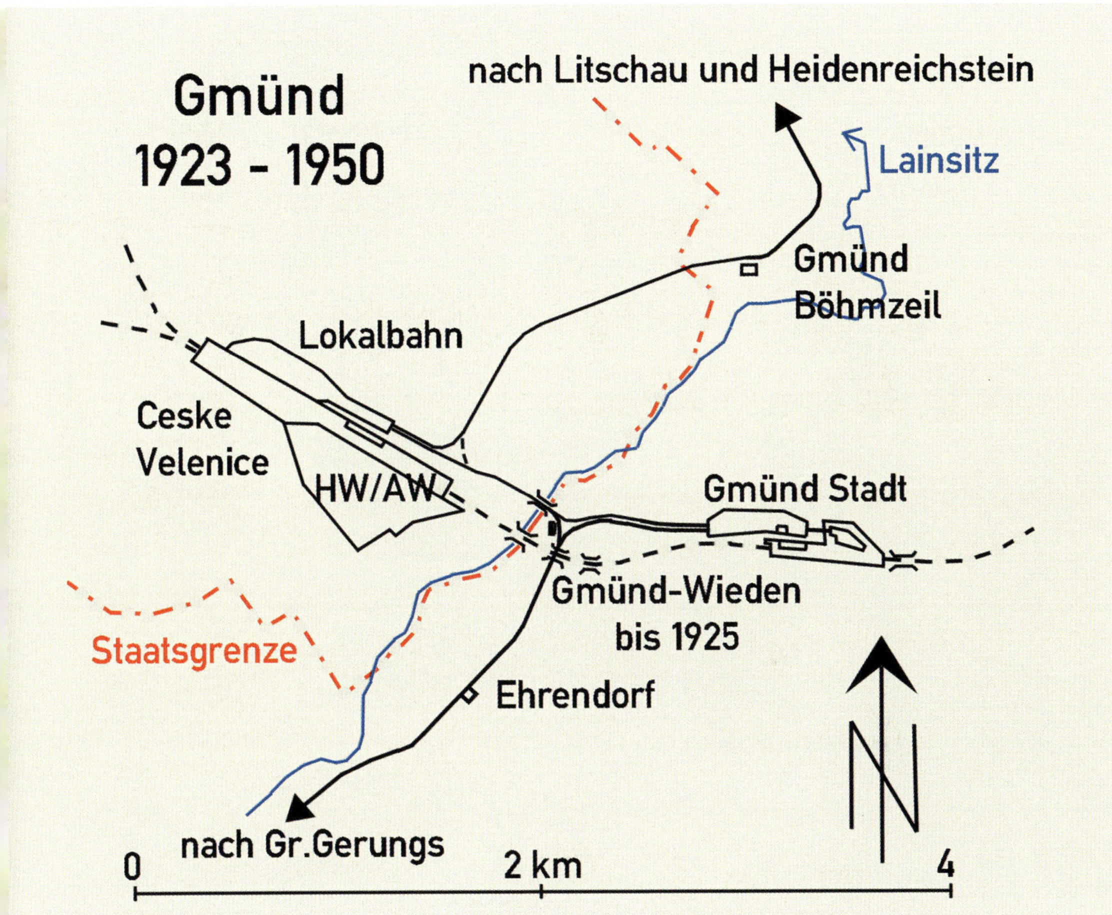

Die Phasen der Schmalspurbahnhöfe und Streckenverläufe der Waldviertelbahn zwischen 1923 und 1950 zeugen von der wechselvollen Geschichte der kleinen Lokalbahn. In České Velenice/Gmünd III nahm 1900 alles seinen Anfang, ab 1923 bestand das Gleisdreieck und der neue Bahnhof Gmünd Stadt.

◂ Der stetig wachsende Verkehr erforderte die Errichtung eines größeren Empfangsgebäudes sowie der besseren Verknüpfung der Franz-Josefs-Bahn mit der Waldviertelbahn und dem O-Bus Gmünd. Hier sieht man die Nordseite des neuen Gebäudes mit O-Bus und Schmalspurgleisen im Vordergrund.

Bis Mitte der 1960er-Jahre stand die 298.06 auch auf der Waldviertelbahn im Einsatz. Nachdem die Lok nicht mehr benötigt wurde, stand sie am 17. August 1965 abgestellt in der Zugförderung Gmünd. Die Lokomotive wurde 1973 ausmustert und später verschrottet. ▸

Soeben ist die 399.01 von einem Güterzugeinsatz in den Bahnhof Gmünd zurückgekehrt, wo die Wasservorräte ergänzt werden. Danach werden beim Kohleverladekran die Vorräte am Tender aufgefüllt. Rechts sind ein E-Güterwagen und der Normalspurkohlekran zu sehen.

Die NÖLB Baureihe Uh.1, spätere BBÖ Bh.1, von 1905 war im Sommer 1965 auf der Waldviertelbahn anzutreffen, hier im Verschub in Gmünd. Bereits 1966 wurde dieses Einzelstück abgestellt und 1973 ausgemustert. Seit 1976 fährt die Bh.1 Nostalgiezüge auf der Murtalbahn der Steiermärkischen Landesbahn. ▸

298.06
ÖBB
298.06

398.01
ÖBB
398.01

Ein Blick aus dem Zugförderungsgebäude auf das Heizhaus Gmünd aus dem Jahr 1948 mit drei Maschinen der Reihe 399 (02, 03 und 06), der 2091.09 sowie der 2190.02. Beide Diesellokomotiven sind heute zum Schmalspurbahnverein ins Waldviertel zurückgekehrt. Eine Aufnahme aus dem Jahr 1982. ►

Der Generationswechsel in der Zugförderung Gmünd wurde mit der Auslieferung der 5090er Erstserie eingeleitet. Drei 5090er werden soeben vor die Wagenhalle rechts gestellt. Im Hintergrund stehen die 2095.12 und einige Dampflokomotiven.

Im Mai 1979 präsentierte sich die 399.06 mit frisch lackiertem grünen Kessel im Heizhaus Gmünd. Die Maschine fuhr von Juli 1949 bis April 1950 sowie von Mai 1961 bis Juni 1993 auf der Waldviertelbahn, 2013 stand die Mh.6 für einen Monat im Waldviertel im Einsatz. ►

399.02
2091.09

399.06

399.05

◄ Die Waldviertelbahn Richtung Groß Gerungs verläuft unter der Franz-Josefs-Bahn hindurch. Mit einem Personenzug aus zwei Vierachsern und einem Dienstwagen passiert die 2091.03 die Gleisdreieckweiche, die frühere Verbindungsstrecke Richtung Gmünd III. Oben ist das Einfahrtsvorsignal von Gmünd zu sehen.

Der Schmalspurbahnhof Gmünd erhielt nach der Räumung von Gmünd III im Juli 1945 seine umfangreichen, jedoch einfach ausgeführten Bahnhofsanlagen, die bis 2012 fast unverändert erhalten blieben. Die 399.05 verlässt im Sommer 1979 den Bahnhof mit einem GmP Richtung Litschau.

◄ Aus Heidenreichstein kommend fährt die 399.05 mit einem GmP in den Bahnhof Gmünd ein, wo gerade der Lokführer die Verschubpartie begrüßt, die mit der 2092.04 bereits für das Verschieben der Rollwagen auf die Rollwagenverladeanlage wartet.

GMÜND NÖ

5090 004-2

◂ Sonntagabends im Spätsommer 1979 stehen am einzigen langen Schmalspurbahnsteig drei Züge bereit: mit der 2091.03 Richtung Litschau, mit der 2091.02 Richtung Heidenreichstein und mit der 2095.12 nach Groß Gerungs. Rechts wartet die Konkurrenz in Form eines Bahnbusses Richtung Litschau.

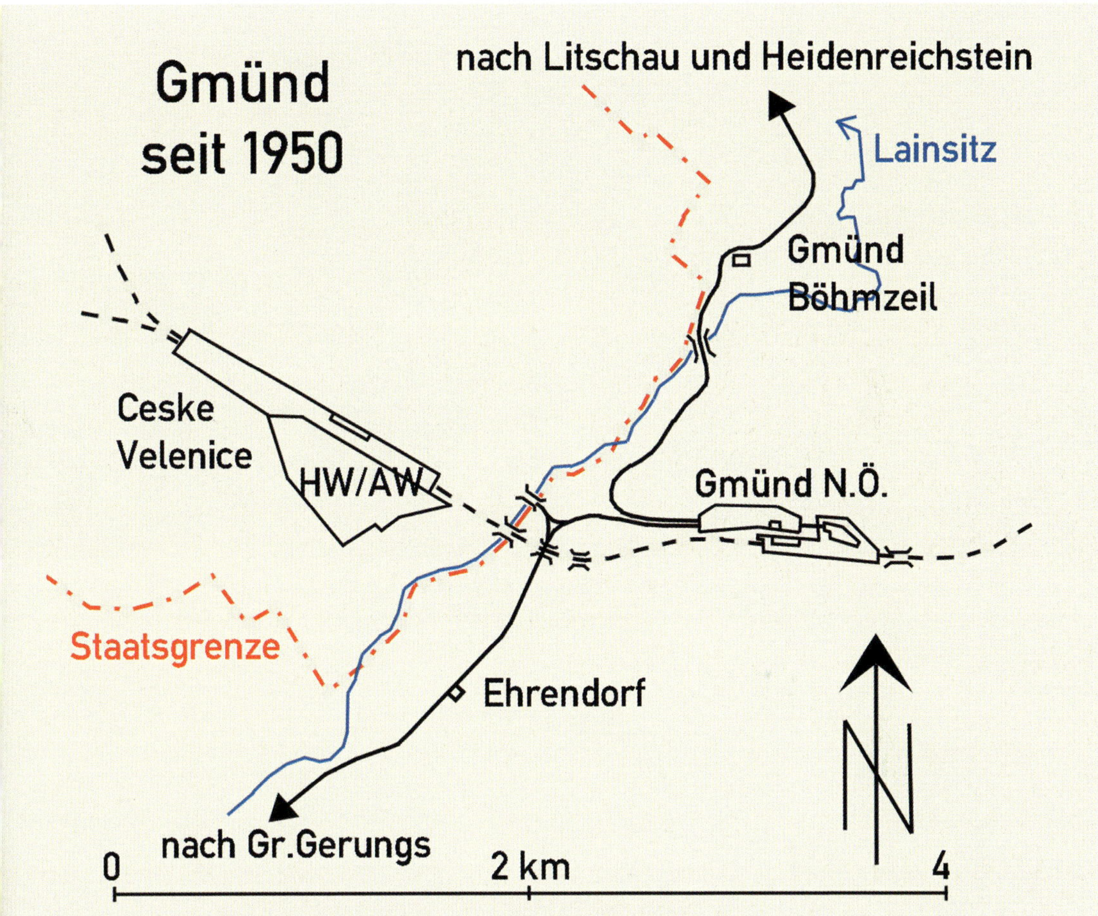

Im Juli 1945 mussten die Anlagen in České Velenice geräumt werden, bis 1947 mussten die Züge noch im alten Bahnhof Richtung Litschau/Heidenreichstein stürzen, danach wurde eine Schleife benutzt. Seit 1950 ist die Neubaustrecke auf österreichischem Staatsgebiet bis zur Station Gmünd Böhmzeil in Betrieb.

◂ Im Herbst 1992 ist der einzige Zug am Bahnsteig der Schmalspurbahn der 5090.004 nach Groß Gerungs. Nach der Einstellung des Personenverkehrs am Nordast ist es ruhiger geworden. Die Gefäßgröße mit knapp 60 Sitzplätzen ähnlich der eines Busses reichte abseits des touristischen Verkehrs aus.

Mh. 6

◄ Im April 2007 kamen einige Schmalspurwagen mit normalspurigen Transportwagen auf der Schiene von Waidhofen an der Ybbs nach Gmünd. Die 2095.12 zog die Wagen über die Verladeanlage auf das Schmalspurnetz.

Für eine Werkstättenprobefahrt und notwendige Fahrzeugdrehung wird das Gleisdreieck befahren, das als letzter Rest der Verbindung Richtung České Velenice bis heute erhalten geblieben ist. Der 5090.011 fährt im Sommer 2015 vom Gleisende in Richtung südliche Weiche.

◄ Im Jahr 2013 erfolgte der Neubau des Gmünder Bahnhofs. Während der Bauphase wurde ein provisorischer Bahnsteig mit einem Umfahrungsgleis genutzt. Die Mh.6 steht am 25. Mai 2013 mit einem touristischen Zug Richtung Groß Gerungs bereit.

◄ Der Rohbau der Abfahrtshalle war im Sommer 2013 fertig. Links davon bestand das Verbindungsgleis zur alten Wagen- und Lokhalle.

Die neue Bahnhofshalle für die Waldviertelbahn bietet, fast 60 Jahre nachdem der Gmünder Lokalbahnhof in České Velenice aufgelassen wurde, eine tolle Kulisse für die Abfahrt der touristischen Züge der NÖVOG Richtung Litschau und Groß Gerungs.

◄ Westlich der Abfahrtshalle wurde eine neue Lokomotiven- und Werkstättenhalle mit vier Gleisen errichtet. Diese bietet die Möglichkeit für Reparaturen bei Dampf- und Dieselfahrzeugen wie auch an Waggons und Infrastrukturfahrzeugen.

Gmünd NÖ
VT 13

◂ Abendruhe ist in die Abfahrtshalle der Waldviertelbahn eingekehrt. Über Nacht und außerhalb der Saison dient die Halle als Abstellort für die vielen historischen Wagen und Triebwagen. Hier sind die Fahrzeuge besser vor Wind und Wetter geschützt. Die beiden VT13 und VT8 warten auf ihren nächsten Einsatz.

Auf Gleis 3 steht der touristische Zug 16903 mit der Mh.1 nach Groß Gerungs bereit, könnte die Ansage des Bahnhofssprechers lauten. Die Halle mit Kundencenter und Aufenthaltsraum sowie Büroräumen hat sich als Drehscheibe der neuen Waldviertelbahn bewährt.

◂ Die Mh.1 schiebt die lange Garnitur in die Abfahrts- und Wagenhalle zur sicheren Hinterstellung. Die Dampfzüge selbst fahren vom Gleis 3 ab, das rechts der Halle liegt. Eine Aufnahme vom 4. Juli 2015.

Unter dem Vordach der Wagenwerkstätte sonnen sich die beiden Diesellokomotiven der Reihe 2095, die bei der NÖVOG als V5 und V12 geführt werden, mit den neuen SGP Flügelrädern, die den Lokomotiven ein attraktives Erscheinungsbild geben.

Reger Betrieb herrscht in der Abfahrtshalle. Links stehen zusätzliche Wagen für den Dampfzug im Sommer, dahinter die beiden Dieseltriebwagen VT8 und VT13, während am Gleis 1 die V5 mit der Weihnachtsgarnitur nach Groß Gerungs von der V12 in die Halle geschoben wird.

7.
Der Wackelstein-Express

Der Waldviertler Schmalspurbahnverein (WSV) wurde am 14. Februar 1987 gegründet, nachdem die ÖBB den planmäßigen Personenverkehr per 31. Mai 1986 eingestellt hatte. Ab Juni 1987 führte der WSV mit teils angemieteten und teils gekauften Fahrzeugen Sonderfahrten nach Heidenreichstein und Litschau durch. Mit der Einstellung des Güterverkehrs zwischen Alt Nagelberg und Heidenreichstein am 29. Mai 1992 musste der WSV die Strecke von den ÖBB pachten, um diese weiterhin befahren zu können.

Nach ersten Arbeitsfahrten im Jahr 1994 konnte am 25. Juli 1995 mit kleinen Diesellokomotiven ein Feldbahnbetrieb eröffnet werden. Bis 1999 fanden auch Fahrraddraisinenfahrten statt. Durch den Ankauf zweckmäßiger Fahrzeuge konnte fortan ein regelmäßiger Betrieb an Sommerwochenenden etabliert werden. Da entlang der Strecke zahlreiche für das Waldviertel typische Gesteinsbrocken zu finden sind, werden die Züge unter dem Namen „Wackelstein-Express" vermarktet.

Seit der Übergabe der Waldviertler Schmalspurbahnen von den ÖBB an die NÖVOG im Jahr 2011 ist die NÖVOG Eigentümer der Strecke Alt Nagelberg–Heidenreichstein. Dem WSV obliegen weiterhin die Abwicklung des Zugverkehrs und die Instandhaltung der Infrastruktur.

Seit dem Jahr 2013 konzentriert sich der WSV verstärkt auf einen vorbildlichen Fahrzeugpark. So konnte ein Bestand der markanten und für das Waldviertel typischen Diesellokbaureihe 2091, mit inzwischen drei vorhandenen Maschinen, in Heidenreichstein aufgebaut werden.

Die ausgesprochen gute Zusammenarbeit mit der NÖVOG ermöglicht eine zukunftsweisende Entwicklung der Waldviertelbahn. Durch die optimale Abstimmung der Fahrpläne werden die Alt Nagelberger Doppelausfahrten wieder regelmäßig durchgeführt.

Verschiedenste Themenfahrten, wie Osterhasen-, Kräuter-, Schmankerl-, Waldgeister-, Nikolo- oder Christkindlzüge, bereichern das Angebot des Wackelstein-Express. Mit über 5.000 Fahrgästen wurde in der Saison 2016 ein Rekordergebnis seit seinem Bestehen eingefahren.

Der WSV konnte von der ÖGLB die Lokomotive 2190.02 übernehmen und führte eine umfangreiche optische Aufarbeitung durch. Am 11. Juni 2011 verlässt sie mit einem kurzen Personenzug den Langegger Wald.

Die Lok Ns2h-1 „Findling“ (VEB Karl Marx Babelsberg) wurde vom Holz- und Imprägnierwerk Olbersdorf bei Zittau (DDR) übernommen und war das erste Triebfahrzeug des WSV. Mit einem kurzen Bauzug werden im Frühling 1995 erste Streckenerhaltungsarbeiten durchgeführt. ▸

Da bei Betriebsaufnahme noch keine zweiachsigen Spantenwagen zur Verfügung standen, wurden einfache Feldbahnpersonenwagen auf Rungenwagen aufgebaut. Im Bahnhof Aalfang wartet im Herbst 1996 die inzwischen rot lackierte Ns2h-1 mit dem Wagen 3002 auf den Zustieg von Fahrgästen. ▸

WSV

◄ In den Jahren 2007 bis 2009 verkehrte Lok 170.1 mit dem grünen Tender der schwächeren Lok 100.13. Um ein stimmiges Bild zu ermöglichen, wurde die 170.1 analog der 100.13 grün lackiert. Hier wartet sie im Juli 2007 im Bahnhof Alt Nagelberg auf die Abfahrt.

Die im Jahr 1938 für die ÖAMG Hütte Donawitz gebaute Dampflok 170.1 kam 1991 nach Stainz und wurde im Juli 1997 nach Heidenreichstein überstellt, wo sie von 1999 bis 2009 im Einsatz stand. Die 170 PS starke Lok dampft am 17. Juli 2004 Heidenreichstein entgegen.

◄ Bis zur Einstellung des ÖBB-Güterverkehrs nach Litschau im Jänner 2001 konnte die Lokomotivkohle für den WSV noch mittels Rollwagen von Gmünd angeliefert werden. Lok 170.1 beförderte im Sommer 2000 bei Kleinpertholz einen solchen gemischten Zug nach Alt Nagelberg.

Ab Juli 1997 konnte von der Stainzer Bahn die Lok JW100-2 (Jenbach DM100 H14, ex. Böhler Kapfenberg) angemietet werden. Anlässlich der Übergabe des Personenwagens 3890 an den WSV wartet sie im Herbst 1997 vor der Trapeztafel in Alt Nagelberg auf die Beistellung durch die 2095.12-7. ►

In den Jahren 2005 und 2006 kam eine weitere, ursprünglich für die Hütte Donawitz in der Spurweite von 790 Millimetern gebaute Dampflokomotive ins Waldviertel. Die grüne Lok 100.13 kämpft sich mit ihrem Tender und nur 100 PS Leistung am 16. Juli 2005 gerade über die Braunabrücke.

Nach Abstellung der orangenen Lok Nr.2 wurde durch den WSV die baugleiche JW100-4 aufgearbeitet und rot lackiert. Mit dem Osterhasenzug überquert sie am 22. April 2011 gerade die Braunabrücke, die im Jahr 1900 zu einer der ersten Stahlbetonbrücken Österreichs zählte. ►

2

JW- H-14

Rüstige Jubilarinnen sind die 2091.09 und 2041.02/s, als sie am 5. Juni 2016 ihren achtzigsten Geburtstag feiern. Dank der liebevollen Pflege können sie in eine rosige Zukunft blicken. Versehen mit Jubiläumstafeln geben sich die beiden Maschinen in Alt Nagelberg ein Stelldichein.

Anlässlich des 100-jährigen Streckenjubiläums bespannten am 7. Juli 2000 die beiden Dampflokomotiven 298.56 und 399.04 einen langen Sonderzug nach Heidenreichstein. Der Sonderzug verlässt soeben am Heidenreichsteiner Gleis den Bahnhof Alt Nagelberg. ▸

100
JAHRE

2095.05

◂ Dank der Anmietung der Diesellok 2091.07 gelang es dem WSV, ab dem 10. Oktober 2000 wieder eine typische Maschine auf den Gleisen des Wackelstein-Express zu präsentieren. Durch blühende Mohnfelder dieselt der Zug am 17. Juli 2004 bei Kleinpertholz.

Im Juni fährt die 2091.09 mit einem GmP Richtung Heidenreichstein an den Teichen in Alt Nagelberg vorbei. Dank des windstillen Morgens spiegelt sich der Zug wunderschön im Teich!

◂ Von den Wiener Lokalbahnen erwarb der WSV zwei normalspurige Personenwagen und ließ sie im Jahr 2001 in Rumänien zu schmalspurigen Vierachsern umbauen. Diese Wagen (C4ia/s 3348 und C4ia/s 3349) hat am 1. Oktober 2011 die 2095.05 anlässlich einer Fotofahrt bei Alt Nagelberg im Schlepp.

◂ Die 2091.09 fährt mit einem GmP an den Gamsbach-Teichen bei Alt Nagelberg vorbei Richtung Heidenreichstein. Es scheint, als wäre die Zeit in den 1970er-Jahren stehen geblieben, jedoch schreiben wir den frühen 17. Juni 2012.

Die von einem Vereinsmitglied wieder in den Ursprungszustand zurückversetzte 2041.02/s (2091.02) beschleunigt am 6. Juli 2014 gerade aus dem Bahnhof Aalfang in Richtung Alt Nagelberg.

◂ Alle drei Diesellokomotiven (JW 100-4 mit 2041.02/s und 2091.09) des Wackelstein-Express konnten anlässlich einer gut besuchten Fotoveranstaltung am 5. Juni 2016 nächst der Braunabrücke auf Zelluloid gebannt werden.

399.01
MEXIKO

◄ Nicht in Südamerika, sondern tief im Waldviertel dampft die ÖBB 399.01 anlässlich einer Sonderfahrt am 3. Juli 2005 durch den liebevoll „Mexiko“ genannten Ortsteil von Langegg.

Durch den Ankauf und die Aufarbeitung von Güterwagen kann der Wackelstein-Express nun auch aus authentischen Zugzusammenstellungen gebildet werden. Im Rahmen einer Fotoveranstaltung zieht die 2091.09 am 14. August 2015 bei Langegg einen Güterzug Richtung Alt Nagelberg.

◄ Die bereits im Jahr 1934 erbaute Diesellok 2190.02 hat am 18. Juni 2011 gerade mit einem klassischen Personenzug den Aalfanger Wald verlassen.

2091.09
0,0
Km.

◂ Während der Wintermonate ruht der Museumsbetrieb auf der Strecke. An einzelnen Tagen werden jedoch spezielle Themenfahrten angeboten. Das Wetter bescherte dem Fotografen wahrlich Glück, sodass 2091.09 am 1. Februar 2015 in Alt Nagelberg im Sonnenschein abgelichtet werden konnte.

Nur 15 Kilometer trennen die zwei Schmalspurbahnnetze im Waldviertel und in Tschechien voneinander. Die gemeinsame Geschichte ist angesichts der betriebsfähigen altösterreichischen U37.002 und zahlreichen Zweiachsern aus der Anfangszeit im touristischen Verkehr heute immer noch spürbar.

◂ Der ehemalige Gmünder Klimaschneepflug 98 505 konnte im Jahr 2014 durch den WSV von Mauterndorf wieder zurück ins Waldviertel geholt werden. Das Fahrzeug musste aufgrund der Schneelage am 14. Jänner 2017 zu einer Räumfahrt ausrücken, obwohl es sich zu der Zeit noch in Aufarbeitung befand.

Chronik

3. Juli 1900	Eröffnung Gmünd–Litschau/Heidenreichstein.
Sommer 1902	Auslieferung der Uv.1 bis Uv.3 für die NÖLB gebaut bei Krauss in Linz.
9. August 1902	Eröffnung Gmünd–Steinbach-Groß Pertholz.
1. März 1903	Eröffnung Steinbach-Groß Pertholz–Groß Gerungs.
November 1920	Ersteinsatz der Baureihe NÖLB Uh.1, spätere ÖBB 398.01, heute StlB Bh.1 auf der Waldviertelbahn.
24. September 1922	Übernahme durch die BBÖ von den Niederösterreichischen Waldviertelbahnen.
Oktober 1923	Erstmals kommt die Baureihe NÖLB Mv. (mit der Mv.1), die spätere ÖBB Reihe 299, auf der Waldviertelbahn zum Einsatz.
Juli 1928	Die Baureihe NÖLB Mh., spätere ÖBB Reihe 399, findet erstmals mit der Mh. 3 auf der Waldviertelbahn Verwendung.
1. Jänner 1940	Übernahme durch die Deutsche Reichsbahn.
September 1940	Die Gepäcktriebwagen-Diesellokomotiven der Reihe 2091 werden fabrikneu erstmals mit der 2091.08 auf der Waldviertelbahn eingesetzt.
Oktober 1940	Die kleinen Diesellokomotiven der Reihe 2190 kommen mit der 2190.01 erstmals nach Gmünd.
23. März 1945	Bombardierung der Bahnhofsanlagen.
17. Juli 1945	Räumung der Anlagen in České Velenice.
1947	Die Schleife in České Velenice für Züge aus Gmünd nach Litschau geht in Betrieb, die Züge müssen nicht mehr im alten Lokalbahnhof stürzen.
19. Dezember 1950	Inbetriebnahme der neuen Trassenführung von Gmünd bis Gmünd Böhmzeil.
September 1962	Die neue Baureihe 2095 kommt mit der bis heute im Waldviertel befindlichen 2095.12, heutige V12, erstmals zur Zugförderung Gmünd.
November 1965	Die Reihe 2092 mit der 2092.04 gelangt für den Bahnhofsverschub nach Gmünd.
Sommer 1979	Erste touristische Dampfbummelzüge.
20. Februar 1986	Einsatz der Triebwagen VT 5090 im Regelbetrieb.
31. Mai 1986	Einstellung des öffentlichen Personennahverkehrs Gmünd–Litschau–Heidenreichstein.
14. Februar 1987	Gründung des Waldviertler Schmalspurbahnvereins (WSV).
29. Mai 1992	Einstellung des Güterverkehrs Alt Nagelberg–Heidenreichstein.
25. Juli 1995	Aufnahme des Museumsbahnbetriebs Alt Nagelberg–Heidenreichstein als Wackelstein-Express.
31. Dezember 2000	Einstellung des Güterverkehrs Gmünd–Groß Gerungs.
10. Jänner 2001	Einstellung des Güterverkehrs Gmünd–Litschau.
9. Juni 2001	Einstellung des öffentlichen Personennahverkehrs Gmünd–Groß Gerungs.
Juli 2001	Aufnahme touristischer Fahrten zwischen Gmünd und Groß Gerungs in Zusammenarbeit mit ÖBB Erlebnisbahn und der NÖVOG.
Juni 2003	Aufnahme des Touristikverkehrs Gmünd–Litschau.
19. Juni 2004	Verlängerung der Wackelstein-Express-Züge von Alt Nagelberg Herrenhaus bis in den Bahnhof Alt Nagelberg.

12. Dezember 2010	Übergabe der Waldviertelbahn an die NÖVOG.
27. Mai 2012	Ersteinsatz der goldenen Triebwagen auf der Waldviertelbahn.
Mai 2014	Eröffnung des neuen Bahnhofs Gmünd Waldviertelbahn mit Abfahrtshalle und neuer Werkstätte.
Dezember 2015	Zweite betriebsfähige Mh. (Mh.4) Dampflokomotive wird in Betrieb genommen.
April 2016	Dritter goldener Dieseltriebwagen (VT11) wird in Betrieb genommen.
Jänner 2017	Betriebsfähiger Fahrzeugbestand der Waldviertelbahn: NÖVOG: Mh.1, Mh.4, V5, V12, VT8, VT11, VT13, OB1; nicht betriebsfähige Fahrzeuge: V7, VT14, Uv.2 (Denkmallok Langschlag) WSV: 2091.02, 2091.09, JW100-4, 2092.04 (in Aufarbeitung), nicht betriebsfähig 2190.02, 2091.07, X614.902 (Draisine).
Mai 2017	Fest anlässlich 115 Jahre Gmünd–Steinbach-Groß Pertholz und 15 Jahre touristischer Verkehr auf der Waldviertelbahn.

Quellen und Literatur

75 Jahre Waldviertler Schmalspurbahn Gmünd–Litschau und Gmünd–Heidenreichstein (Gmünd 1975).

Alfred Luft: *Die Niederösterreichische Waldviertelbahn,* Murau 1973.

Franz Steiner: *Grenzbahnhof Gmünd.* In: Modellbahnwelt 13, 6/1999.

Gerhard Zauner: *125 Jahre Kaiser-Franz-Josef-Bahn,* Horn 1995.

Höglinger: *Güterverkehr auf den Waldviertler Schmalspurbahnen eingestellt,* in: Schmalspur, 1/2001.

Johann Adolf Fürst von Schwarzenberg: *Denkschrift über die Kaiser-Franz-Josef-Bahn,* Wien 1885.

Krobot/Slezak/Sternhart: Schmalspurig durch Österreich, Wien 1975.

Paul Gregor Liebhart: Nostalgieverkehr im Waldviertel, in: Das Waldviertel, 2/2007.

Paul Gregor Liebhart: *EU-Erweiterung – Neubeginn für die Eisenbahn im Waldviertel,* in: Das Waldviertel, 1/2005.

Paul Gregor Liebhart: *Neueste Entwicklungen für die Eisenbahnstrecken im Waldviertel.* in: Das Waldviertel, 1/2006.

Peter Wegenstein: *Normalspurbahnen im Waldviertel,* Bahn im Bild 34, Wien 1983.

Peter Wegenstein: *Schmalspurromantik im Waldviertel,* Kleine Bahnreihe Heft 9, Wien.

Werner Schiendl: *Die Waldviertler Schmalspurbahn,* Wien 2010.

Internet Informationen zu den Bahnen: www.noevog.at, www.waldviertelbahn.at, www.wsv.or.at

Buchhinweise

Rund um den Semmering

Matthias Marschik und Eduard Völker

19,99 €
978-3-95400-344-0

Das Waldviertel

Elfriede M. Klepoch

18,90 €
978-3-86680-175-2

Buchhinweise

Der Bezirk Horn

Erich Rabl

19,95 €
978-3-95400-172-9

Das Retzer Land

Helmut Wieser

19,99 €
978-3-86680-513-2

Weitere Bücher aus Ihrer Region finden Sie unter:
www.suttonverlag.de

Mh.4